Anonymous

Der Heidelberger Katechismus

Anonymous

Der Heidelberger Katechismus

ISBN/EAN: 9783743645561

Hergestellt in Europa, USA, Kanada, Australien, Japan

Cover: Foto ©ninafisch / pixelio.de

Weitere Bücher finden Sie auf **www.hansebooks.com**

Der

Heidelberger Katechismus.

Mit einem Anhang:
Haustafel, Hausgebete und Geschichte des Katechismus und seiner Verfasser.

Zur dreihundertjährigen Gedächtnißfeier

im Auftrag

der **Reformirten Synode in Bayern**

herausgegeben

von

Karl Otto Thelemann,
Pfarrer der deutsch=reformirten Gemeinde zu Erlangen
und z. Präses der Synode.

―――⁕―――

Erlangen, 1863.
Verlag von Theobor Bläsing.

Druck von Junge & Sohn in Erlangen.

Vorwort.

„Sie haben mich oft gedrängt von meiner Jugend auf, so sage Israel, sie haben mich oft gedrängt von meiner Jugend auf, — aber sie haben mich nicht übermocht!" (Psalm 129.) So darf mit Israel der alte „Heidelberger", dieser gesegnete Diener am Wort in unserer reformirten Kirche, triumphiren im Rückblick auf seine dreihundertjährige Geschichte. Man hat ihn oft gedrängt von links und rechts; man hat ihn durch den Büttel fahen und gefangen legen, man hat ihn verbrennen lassen; man hat ihn gar im eigenen Hause verdrängt durch politische

Reunionen und kirchliche Unionen; man hat das alles über ihn vermocht, aber man hat ihn damit nicht übermocht, so wenig als die Konfessoren und Märtyrer unserer Kirche, denen auch er beizuzählen ist. Noch steht er fest und ritterlich in ungeschwächter Kraft und ungetrübtem Glanze auf dem Plan, unserer Väter und unser Panier; denn seine Kraft ist die Kraft des Wortes Gottes, aus dem er geboren, sein Glanz kommt von dem Lichte des Geistes Gottes, der ihn durchbringt. Noch gilt das Glaubenswort seines fürstlichen Mitvaters: „Belangend meinen Katechismum, so ist derselbe mit Fundamenten der heiligen Schrift dermaßen armiret, daß er unumgestoßen bleiben soll; und wird meines Verhoffens mit Gottes Hilfe auch länger unumgestoßen bleiben." So feiert im Jahre des Heils **1863** der „Heidelberger oder Pfälzer Katechismus" sein Jubiläum — oft gestoßen, doch unumgestoßen, viel geschmähet und doch in Ehren.

Den edlen Jubilarius zu ehren, das Bekenntniß zu ihm öffentlich zu erneuern, und dem eigenen Bedürfniß für Schule und Haus in entsprechender Weise zu genügen, hat die Reformirte Synode in Bayern diese neue Ausgabe beschlossen und damit den Herausgeber beauftragt, der selbst ein reformirter Pfälzer ist und dessen Gemeinde zum großen Theil aus Pfälzern entstand, welche gegen Ende des 17. Jahrhunderts um ihres Glaubens willen mit ihrem Heidelberger Katechismus die Heimath verließen.

Der Text des Katechismus ist mit den ältesten Ausgaben sorgfältig verglichen. Die Auswahl der Sprüche ist theils den „Zeugnissen der Schrift" in denselben entnommen, theils neu; die wichtigsten sind ausgedruckt, andere nur angeführt. Die ausgedruckten Bibelstellen sind alle mit dem Urtext verglichen und wo es nöthig erschien, in berichtigter Uebersetzung gegeben. Natürlich, daß bei einem Schulbuch mit größter Schonung der gangbaren Uebersetzung verfahren wurde. Immerhin mag es manchem gewagt erscheinen; aber es ist nicht aus Neuerungssucht, sondern aus guten Gründen geschehen. Einmal wird niemand behaupten wollen, daß die Luther'sche Uebersetzung für uns Reformirte das Ansehen einer Vulgata habe; wir haben zudem eine reformirte Uebersetzung, die Zürcher, welche zu ihrem Vortheil vielfach von jener abweicht. Zum andern ist heute noch die Losung unserer nach Gottes Wort reformirten Kirche: "Das Wort und das ganze Wort und nichts als das Wort!" Damit muß man auch Ernst machen; weßhalb es für uns Pflicht ist, zur Begründung unsers Glaubens auf das Wort in seiner richtigen Gestalt zurückzugehen. Zum dritten, so sind die ältern Ausgaben des Heidelberger Katechismus darin selbst vorangegangen, sowohl in seinem Text (Frage 6: **wahrhaftige Gerechtigkeit** und **Heiligkeit**; Fr. 32: **zum Dankopfer darstellen**; Fr. 77: **der Kelch der Danksagung, damit wir danksagen**; Fr. 119: **der du bist in den Himmeln**; **und erlöse uns** von dem Bösen; u. a.), als auch in manchen Beweisstellen. Wie schon in den älteren Ausgaben geschehen*), sind die Schlagwörter in Fragen und Sprüchen durch den Druck hervorgehoben. Die alte Eintheilung in 52 Sonntage ist am Rande mit S. angemerkt. Endlich sind sämtliche Fragen für Kinder vom 8. bis 14. Jahre in einen dreifachen Stufengang abgetheilt. Die erste Stufe (für das Alter vom 8. bis 10. Jahre) ist mit **, die zweite (10. bis 12. Jahr) mit * bezeichnet, die letzte (12. bis 14. Jahr) unbezeichnet.

Den Anhang bilden die den alten Ausgaben schon beigefügten Stücke: die Haustafel und Gebete; neu ist beigegeben eine kurze Geschichte des Katechismus und seiner Verfasser; vielleicht, daß sie dazu

---

*) Vorbericht: „Durch die Worte, so mit etwas gröberen Buchstaben gedruckt sind, wird ihnen (den Kindern) gezeigt, daß in ihnen der Beweis eines oder des andern bestätigten Pünktleins eigentlich stehe."

beitrage, ihm wieder mehr eine Stelle unter den Hausbüchern zu verschaffen.

So möge nun dem HErrn gefallen, auf diese neue Ausgabe den alten Segen zu legen, der den Heidelberger Katechismus je und je begleitet hat, damit sie diene zur Verherrlichung Seines Namens und zum Aufbau Seiner reformirten Gemeine.

Katechismus.

Vom einigen Trost des Menschen.

** 1. Frage. Was ist dein einiger Trost im Leben **S. 1.**
und im Sterben?

Daß ich mit Leib und Seel, beides im Leben und im Sterben a), nicht mein b), sondern meines getreuen Heilandes Jesu Christi **eigen** bin c), der mit seinem theuern Blut für alle meine Sünde vollkömmlich bezahlet d), und mich aus aller Gewalt des Teufels erlöset hat e), und also bewahret f), daß ohne den Willen meines Vaters im Himmel kein Haar von meinem Haupt kann fallen g), ja auch mir alles zu meiner Seligkeit dienen muß h), darum Er mich auch durch seinen heiligen Geist des ewigen Lebens versichert i), und **ihm** forthin zu leben von Herzen willig und bereit macht k).

a) Röm. 14, 7. 8. Unser keiner lebt ihm selber, und keiner stirbt ihm selber. Leben wir, so leben wir dem HErrn; sterben wir, so sterben wir dem HErrn: darum wir leben oder sterben, so sind wir des HErrn.

b) 1 Kor. 6, 19. 20. Wisset ihr nicht, daß euer Leib ein Tempel des heiligen Geistes ist, der in euch ist, welchen ihr habt von Gott, und seid nicht euer selbst; denn ihr seid theuer erkauft.

c) Tit. 2, 14. Unser Heiland Jesus Christus hat sich selbst für uns gegeben, auf daß Er uns erlösete von aller Ungerechtigkeit, und reinigte ihm selbst ein Volk zum Eigenthum, das fleißig wäre zu guten Werken.

d) 1 Petr. 1, 18. 19. Wisset, daß ihr nicht mit vergänglichem, Silber oder Gold, losgekauft seid von euerm eiteln Wandel nach väterlicher Weise, sondern mit dem theuern Blute Christi, als eines unschuldigen und unbefleckten Lammes.

1 Joh. 1, 7. Das Blut Jesu Christi, des Sohnes Gottes, macht uns rein von aller Sünde.

1 Joh. 2, 2.

e) 1 Joh. 3, 8. Wer Sünde thut, ist vom Teufel; denn der Teufel sündiget von Anfang. Dazu ist erschienen der Sohn Gottes, daß Er die Werke des Teufels zerstöre.

Hebr. 2, 14. 15. Durch den Tod nahm Er (Christus) die Macht dem, der des Todes Gewalt hat, das ist dem Teufel, und erlösete die, so durch Furcht des Todes ihr ganzes Lebenlang Knechte sein mußten.

f) Joh. 10, 28. Ich gebe ihnen das ewige Leben, und sie werden nimmermehr umkommen, und niemand wird sie aus meiner Hand reißen.

Jes. 54, 10. Es sollen wohl die Berge weichen und die Hügel hinfallen, aber meine Gnade soll nicht von dir weichen, und der Bund meines Friedens soll nicht hinfallen, spricht der HErr, dein Erbarmer.

Joh. 6, 39. 2 Theff. 3, 3.

g) Matth. 10, 30. Nun aber sind auch eure Haare auf dem Haupt alle gezählet.

Luc. 21, 18.

h) Röm. 8, 28. Wir wissen, daß denen, die Gott lieben, alle Dinge zum besten dienen, denen die nach dem Vorsatz berufen sind.

i) Röm. 8, 16. Der (heilige) Geist selbst gibt Zeugniß unserm Geist, daß wir Gottes Kinder sind.

Eph. 1, 14. 2 Kor. 1, 21. 22.

k) Röm. 8, 14. Welche der Geist Gottes treibt, die sind Gottes Kinder.

** 2. Frage. Wie viele Stücke sind dir nöthig zu wissen, daß du in diesem Trost seliglich leben und sterben mögest?

Drei Stücke: erstlich, wie groß meine Sünde und **Elend** sei a). Zum andern, wie ich von allen meinen Sünden **erlöset** werde b). Und zum dritten, wie ich Gott für solche Erlösung soll **dankbar** sein c).

Röm. 7, 24. 25. Ich **elender** Mensch; wer wird mich **erlösen** von dem Leibe dieses Todes? Ich **danke** aber Gott durch Jesum Christum, unsern HErrn.

a) Jerem. 3, 13. Allein erkenne deine Missethat, daß du wider den HErrn deinen Gott gesündiget hast. Pf. 51, 6.

b) Matth. 11, 28—30. Kommet her zu Mir alle die ihr mühselig und beladen seid, Ich will euch erquicken. Nehmet auf euch mein Joch und lernet von mir, denn ich bin sanftmüthig und von Herzen demüthig: so werdet ihr Ruhe finden für eure Seelen; denn mein Joch ist sanft und meine Last ist leicht.

c) Kol. 2, 7. Seid fest im Glauben, wie ihr gelehret seid, und seid reichlich dankbar.

Der erste Theil.
Von des Menschen Elend.

* 3. **Frage.** Woher erkennest du dein Elend?   **S. 2.**

Aus dem Gesetz Gottes.

Röm. 3, 20. Aus des Gesetzes Werken mag kein Fleisch vor ihm gerecht werden; denn durch das Gesetz kommt Erkenntniß der Sünde. Röm. 7, 7.

** 4. **Frage.** Was erfordert denn das göttliche Gesetz von uns?

Dies lehret uns Christus in einer Summa Matth. 22 V. 37: Du sollst lieben Gott, deinen HErrn, von ganzem Herzen, von ganzer Seele, von ganzem Gemüth und allen Kräften a). Dies ist das vornehmste und größte Gebot. Das andere aber ist dem gleich: Du sollst deinen Nächsten lieben als bich selbst b). In diesen zweien Geboten hanget das ganze Gesetz und die Propheten.

    Röm. 13, 10. Die Liebe ist des Gesetzes Erfüllung.
a) 5 Mos. 6, 5.
b) 3 Mos. 19, 18.

* 5. Frage. Kannst du dies alles vollkömmlich halten?

Nein a): denn ich bin **von Natur** geneigt, Gott und meinen Nächsten zu **hassen** b).

  a) Röm. 3, 10—12. Da ist nicht der gerecht sei, auch nicht Einer; da ist nicht der verständig sei; da ist nicht der nach Gott frage; sie sind alle abgewichen und allesamt untüchtig geworden; da ist nicht der gutes thue, auch nicht Einer.

  1 Joh. 1, 8. Wenn wir sagen, wir haben keine Sünde, so betrügen wir uns selbst, und die Wahrheit ist nicht in uns.

  Röm. 7, 18. 19. Ich weiß, daß in mir, das ist in meinem Fleische wohnet nichts gutes; das Wollen habe ich wohl, aber das Vollbringen des guten finde ich nicht; denn das gute, das ich will, thue ich nicht, sondern das böse, das ich nicht will, das thue ich.

  b) Röm. 8, 7. Die Gesinnung des Fleisches ist eine Feindschaft wider Gott; denn es unterwirft sich nicht dem Gesetz Gottes; denn es vermags auch nicht.

  Tit. 3, 3. Auch wir waren weiland unweise, ungehorsame, irrige, dienende den Begierden und mancherlei Wollüsten, wandelten in Bosheit und Neid, feindselig, und hasseten uns unter einander.

S. 3. * 6. Frage. Hat denn Gott den Menschen also bös und verkehrt **erschaffen?**

Nein: sondern Gott hat den Menschen gut a) und nach seinem **Ebenbild** erschaffen b), das ist, in wahrhaftiger Gerechtigkeit und Heiligkeit c), auf daß er Gott seinen Schöpfer recht erkennete d), und von Herzen liebte, und in ewiger Seligkeit mit ihm lebte, ihn zu loben und zu preisen e).

a) 1 Mof. 1, 31. Gott sah an alles was Er gemacht hatte; und siehe da, es war sehr gut.
b) 1 Mof. 1, 27. Gott schuf den Menschen Ihm zum Bilde, zum Bilde Gottes schuf Er ihn.
c) Eph. 4, 24. Ziehet den neuen Menschen an, der nach Gott geschaffen ist in wahrhafter Gerechtigkeit und Heiligkeit.
d) Kol. 3, 10. Ziehet den neuen Menschen an, der verneuert wird zur Erkenntniß, nach dem Bilde beß, der ihn geschaffen hat.
e) Sprüche 16, 4.

* 7. Frage. Woher kommt denn solche verderbte Art des Menschen?

Aus dem Fall und Ungehorsam unserer ersten Eltern Adam und Eva im Paradies a): da unsere Natur also vergiftet worden, daß **wir alle** in Sünden empfangen und geboren werden b).

a) 1 Mof. Kap. 3 ganz zu lesen.
Röm. 5, 12. Durch Einen Menschen ist die Sünde in die Welt gekommen und durch die Sünde der Tod, und ist so der Tod zu allen Menschen durchgedrungen, dieweil sie alle gesündiget haben.
b) 1 Mof. 5, 3. Adam war hundert und dreißig Jahre alt und zeugte einen Sohn nach seinem Gleichniß, in seinem Bilde, und hieß ihn Seth.
Joh. 3, 6. Was vom Fleisch geboren wird, ist Fleisch.
Pf. 51, 7. 1 Kor. 8, 46.

* 8. Frage. Sind wir aber dermaßen verderbt, daß wir ganz und gar untüchtig sind zu einigem Guten und geneigt zu allem Bösen?

Ja a): es sei denn, daß wir durch den Geist Gottes wiedergeboren werden b).

a) 1 Mof. 8, 21. Das Dichten des menschlichen Herzens ist böse von Jugend auf.
Röm. 7, 18.
b) Joh. 3, 5. Jesus antwortete: Es sei denn daß jemand wiedergeboren werde, so kann er nicht in das Reich Gottes kommen.

2 Kor. 3, 5. Nicht daß wir tüchtig sind etwas zu denken von uns selber als aus uns; sondern **daß wir tüchtig sind, ist von Gott.**

§. 4. 9. Frage. Thut denn Gott dem Menschen nicht Unrecht, daß Er in seinem Gesetz von ihm fordert, das er nicht thun kann?

Nein a): denn Gott hat den Menschen also erschaffen, daß er es konnte thun b). Der Mensch aber hat sich und alle seine Nachkommen, aus Anstiftung des Teufels c), durch muthwilligen **Ungehorsam** d) derselbigen Gaben beraubet e).

a) **Röm. 1, 32.** Gottes Recht ist, daß die solches thun, des Todes würdig sind.
b) **Eph. 4, 24.** Ziehet den neuen Menschen an, der **nach** Gott geschaffen ist in wahrhafter Gerechtigkeit und Heiligkeit.
c) 1 Mos. 3, 13. Da sprach Gott der HErr zum Weibe: Warum hast du das gethan? Das Weib sprach: Die Schlange betrog mich, und ich aß.
d) 1 Mos. 3, 6. Und das Weib schauete an, daß von dem Baume gut zu essen wäre, und daß er lieblich anzusehen, und daß es ein lustiger Baum wäre, weil er klug machte; und nahm von seiner Frucht und aß, und gab auch ihrem Manne mit ihr, und er aß.
e) Röm. 5, 12. Durch Einen Menschen ist die Sünde in die Welt gekommen und durch die Sünde der Tod, und ist so der Tod zu allen Menschen durchgedrungen, dieweil sie alle gesündiget haben.

* 10. Frage. Will Gott solchen Ungehorsam und Abfall ungestraft lassen hingehen?

Mit nichten a): sondern Er **zürnet** schrecklich b), beides über angeborne und wirkliche Sünde, und will sie aus gerechtem Urtheil zeitlich und ewig strafen c), wie Er gesprochen hat: Verflucht sei jedermann, der nicht bleibet in allem dem, das geschrieben stehet in dem Buch des Gesetzes, daß er's thue d).

a) 1 Mos. 2, 17. Von dem Baum des Erkenntnisses gutes und böses sollst du nicht essen; denn welches Tages du davon issest, wirst du des Todes sterben.
b) Hebr. 10, 31. Schrecklich ists, in die Hände des lebendigen Gottes zu fallen.
Pf. 76, 8.
c) Röm. 1, 18. Gottes Zorn wird geoffenbaret vom Himmel über alles gottlose Wesen und Ungerechtigkeit der Menschen, die die Wahrheit in Ungerechtigkeit aufhalten.
Psalm 50, 21. Das thust du, und Ich schweige; da meinest du, Ich werde sein gleich wie du. Aber Ich will dich strafen, und will dirs unter Augen stellen.
Hebr. 9, 27.
d) 5 Mos. 27, 26. Gal. 3, 10.

11. Frage. Ist denn Gott nicht auch barmherzig?

Gott ist wohl barmherzig a), Er ist aber auch **gerecht** b). Derhalben erfordert seine Gerechtigkeit, daß die Sünde, welche wider die allerhöchste Majestät **Gottes** begangen ist, auch mit der höchsten, das ist, der ewigen Strafe an Leib und Seel gestrafet werde.

a) 2 Mos. 34, 6. Der HErr HErr ist ein Gott, barmherzig, und gnädig, und geduldig, und von großer Gnade und Treue.
b) Psalm 5, 5. Du bist nicht ein Gott, dem gottlos Wesen gefällt; wer böse ist, bleibet nicht vor dir.
Röm. 2, 5. 6. Du aber nach deinem verstockten und unbußfertigen Herzen häufest dir selbst den Zorn auf den Tag des Zorns und der Offenbarung des gerechten Gerichts Gottes, welcher geben wird einem jeglichen nach seinen Werken.
Nahum 1, 2. 3.

Der andere Theil.
Von des Menschen Erlösung.

S. 5. 12. Frage. Dieweil wir benn nach dem gerechten Urtheil Gottes zeitliche und ewige Strafe verdienet haben: wie möchten wir dieser Strafe entgehen, und wiederum zu Gnaden kommen?

Gott will, daß seiner Gerechtigkeit genug geschehe a): deßwegen müssen wir derselben entweder durch **uns selbst,** oder durch einen **andern** vollkommene Bezahlung thun b).

a) Hes. 18, 4. Welche Seele sündiget, die soll sterben.

b) Röm. 8, 3. 4. Das dem Gesetz unmöglich war, sintemal es durch das Fleisch geschwächet war, das that Gott, und sandte seinen Sohn in der Aehnlichkeit des sündlichen Fleisches, und für die Sünde, und verdammte die Sünde im Fleisch, auf daß die Gerechtigkeit, vom Gesetz erfordert, erfüllet werde in uns, die wir nicht nach dem Fleische wandeln, sondern nach dem Geist.
2 Kor. 5, 21. Matth. 5, 26.

* **13. Frage.** Können wir aber durch uns selbst Bezahlung thun?

Mit nichten a): sondern wir machen auch die Schuld noch täglich größer b).

a) Hiob 9, 2. 3. Ich weiß sehr wohl, daß also ist, daß ein Mensch nicht rechtfertig bestehen mag gegen Gott. Hat Er Lust mit ihm zu hadern, so kann er Ihm auf tausend nicht Eins antworten.
Psl. 130, 3. Matth. 16, 26.

b) Röm. 2, 5. Du aber nach deinem verstockten und unbußfertigen Herzen häufest dir selbst den Zorn auf den Tag des Zorns und der Offenbarung des gerechten Gerichts Gottes.

14. Frage. Kann aber irgend eine bloße Kreatur für uns bezahlen?

Keine: denn erstlich will Gott an keiner **andern** Kreatur strafen, was der **Mensch** verschuldet hat a); zum andern, so kann auch keine **bloße** Kreatur die Last des ewigen Zornes Gottes wider die Sünde ertragen und andere davon erlösen b).

a) Hes. 18, 20. Welche Seele sündiget, die soll sterben. Der Sohn soll nicht tragen die Missethat des Vaters und der Vater soll nicht tragen die Missethat des Sohnes; sondern des Gerechten Gerechtigkeit soll über ihm sein, und des Ungerechten Ungerechtigkeit soll über ihm sein.

b) Nahum 1, 6. Wer kann vor seinem Zorn stehen, und wer kann vor seinem Grimm bleiben?

Psalm 49, 8. 9. Kann doch ein Bruder niemand erlösen, noch ein Mann Gott Sühnung für ihn geben; zu theuer ist das Lösegeld ihrer Seelen, und er muß es lassen anstehen ewiglich.

* **15. Frage.** Was müssen wir denn für einen Mittler und Erlöser suchen?

Einen solchen, der ein wahrer a) **und gerechter Mensch** b), und doch stärker denn alle Kreaturen, das ist, zugleich **wahrer Gott** sei c).

a) 1 Kor. 15, 21. Durch einen Menschen kommt der Tod und durch einen Menschen die Auferstehung der Todten.

b) Hebr. 7, 26. Ein solcher Hohepriester ziemete uns zu haben, der da wäre heilig, unschuldig, unbefleckt, von den Sündern abgesondert, und höher denn die Himmel geworden.

c) Jer. 23, 6. Zu derselbigen Zeit soll Juda geholfen werden und Israel sicher wohnen. Und dies ist sein [Name, der] ihn nennen wird: HErr, der unsere [Gerechtigkeit ist.]

4, 7.

F. S. 16. Frage. Warum muß er ein **wahrer und gerechter Mensch** sein?

Darum, daß die Gerechtigkeit Gottes erfordert, daß die **menschliche** Natur, die gesündiget hat, für die Sünde bezahle a); und aber einer, der **selbst** ein Sünder wäre, nicht könnte für **andere** bezahlen b).

a) Röm. 5, 18. 19. Wie durch Eines Sünde die Verdammniß über alle Menschen gekommen ist: also ist auch durch Eines Gerechtigkeit die Rechtfertigung des Lebens über alle Menschen gekommen. Denn gleichwie durch Eines Menschen Ungehorsam Viele Sünder geworden sind: also auch durch Eines Gehorsam werden Viele Gerechte.

b) Hebr. 7, 26. 27. Ein solcher Hohepriester ziemete uns zu haben, der da wäre heilig, unschuldig, unbefleckt, von den Sündern abgesondert, und höher denn die Himmel geworden; dem nicht täglich noth wäre, wie jenen Hohenpriestern, zuerst für die eigenen Sünden Opfer zu thun, danach für die des Volkes.
1 Petr. 3, 18.

17. Frage. Warum muß er zugleich **wahrer Gott** sein?

Daß er aus Kraft seiner Gottheit a) die Last des Zornes Gottes an seiner Menschheit ertragen b), und uns die Gerechtigkeit und das Leben erwerben und wiedergeben möchte c).

a) Jes. 9, 6. Ein Kind ist uns geboren, ein Sohn ist uns gegeben, der die Herrschaft hat auf seiner Schulter; und Er heißet Wunder-Rath, starker Gott, Ewig-Vater, Friedefürst.

b) Jes. 53, 4. 5. 6. Fürwahr Er trug unsere Krankheiten, und lud auf sich unsere Schmerzen. Wir aber hielten ihn für einen, der gestraft und von Gott geschlagen und gemartert wäre. Aber Er ist um unserer Missethaten willen verwundet und um unserer Sünden willen zerschlagen. Die Strafe lag auf Ihm, auf daß wir Frieden hätten, und durch seine Wunden

sind wir geheilet. Der HErr warf unser aller Sünde auf Ihn.
c) 1 Joh. 4, 9. Daran ist erschienen die Liebe Gottes gegen uns, daß Gott seinen eingebornen Sohn gesandt hat in die Welt, daß wir **durch ihn leben sollen**.

** 18. Frage. Wer ist aber derselbige Mittler, der zugleich wahrer Gott und ein wahrer, gerechter Mensch ist?

Unser HErr Jesus Christus a), der uns zur vollkommenen Erlösung und Gerechtigkeit geschenket ist b).
  a) 1. Joh. 5, 20. Jesus Christus ist **der wahrhaftige Gott und das ewige Leben**.
  Röm. 9, 5.
  1 Tim. 2, 5. Es ist Ein Gott und Ein Mittler zwischen Gott und den Menschen, der **Mensch** Christus Jesus.
  Röm. 1, 2—4. Gott hat das Evangelium zuvor verheißen durch seine Propheten in der heiligen Schrift von seinem Sohne, der **geboren ist von dem Samen Davids, nach dem Fleisch**, und **kräftiglich erwiesen ein Sohn Gottes, nach dem Geist**.
  Phil. 2, 7. Gal. 4, 4. Joh. 1, 1—5. 14.
  b) 1 Kor. 1, 30. Christus Jesus ist uns gemacht von Gott zur Weisheit, und zur Gerechtigkeit, und zur Heiligung, und zur Erlösung.

* 19. Frage. Woher weißt du das?

Aus dem heiligen Evangelio a), welches Gott selbst anfänglich im Paradies hat geoffenbaret b); folgends durch die heiligen Erzväter c) und Propheten d) lassen verkündigen, und durch die Opfer und andere Ceremonien des Gesetzes vorgebildet e);

b) 1 Mof. 3, 15. Ich will Feindschaft setzen zwischen dir und dem Weibe, und zwischen deinem Samen und ihrem Samen. Derselbe soll dir den Kopf zertreten und du wirst ihn in die Ferse stechen.
c) 1 Mof. 49, 10. Es wird das Scepter nicht von Juda weichen, noch der Meister von seinen Füßen, bis daß da komme dem es gebührt; und sein ist der Gehorsam der Völker.
d) Jef. 43, 24. Ja, Mir hast du Arbeit gemacht mit deinen Sünden, und hast mir Mühe gemacht mit deinen Missethaten.
 Jef. Kap. 53 ganz. Jef. 43, 25.
 Apostelg. 10, 43. Von diesem zeugen alle Propheten, daß durch seinen Namen alle, die an ihn glauben, Vergebung der Sünden empfangen sollen.
e) Hebr. 10, 1. Das Gesetz, das den Schatten der zukünftigen Güter, nicht die Gestalt selber der Dinge hat, kann mit einerlei jährlichen Opfern, so sie beständig darbringen, nimmermehr die da opfern vollkommen machen.
 Kol. 2, 16. 17. Lasset euch niemand ein Gewissen machen über Speise oder über Trank, oder in Ansehung von Feiertagen oder Neumonden oder Sabbathen; welches ist der Schatten von den Dingen, die kommen sollten, aber der Körper ist in Christo.
 Joh. 3, 14.
f) Gal. 4, 4. Da aber die Zeit erfüllet war, sandte das Gesetz [...] waren, loskaufete, damit die [...]
Joh. [...] und [...] welches [...]

S. 7.

wahren Glauben ihm werden eingeleibet und alle seine Wohlthaten annehmen b).

a) Matth. 7, 13. 14. Gehet ein durch die enge Pforte; denn die Pforte ist weit und der Weg ist breit, der zur Verdammniß abführet, und ihrer sind viele, die darauf wandeln. Und die Pforte ist eng und der Weg ist schmal, der zum Leben führet, und wenige sind ihrer, die ihn finden.
Matth. 7, 21; 22, 14.

b) Joh. 1, 12. Wie viele ihn aufnahmen, denen gab Er Macht, Kinder Gottes zu werden: denen, die an seinen Namen glauben.
Joh. 3, 16. 36. Also hat Gott die Welt geliebet, daß Er seinen eingebornen Sohn gab, auf daß alle die an Ihn glauben, nicht verloren werden, sondern das ewige Leben haben. Wer an den Sohn glaubet, der hat das ewige Leben; wer aber dem Sohn nicht glaubt, der wird das Leben nicht sehen, sondern der Zorn Gottes bleibet über ihm.

** 21. Frage. Was ist wahrer Glaube?

Es ist nicht allein eine **gewisse Erkenntniß** a), dadurch ich alles für wahr halte, was uns Gott in seinem Wort hat geoffenbaret b); sondern auch ein **herzliches Vertrauen** c), welches der heilige Geist d) durchs Evangelium e) in mir wirket, daß nicht allein andern, sondern **auch mir** Vergebung der Sünden, ewige Gerechtigkeit und Seligkeit von Gott geschenket sei f), aus lauter Gnaden, allein um des Verdienstes Christi willen g).

a) Röm. 10, 14. 17. Wie sollen sie glauben, von dem sie nichts gehöret haben? Wie sollen sie hören ohne Prediger? So kommt der Glaube aus der Predigt, das Predigen aber durch das Wort Gottes.
Jak. 2, 19.

b) Apostelg. 24, 14. Ich glaube allem, was geschrieben stehet im Gesetz und in den Propheten.

c) Hebr. 11, 1. Es ist der Glaube eine gewisse Zuversicht deß, das man hoffet, und nicht zweifelt an dem, das man nicht siehet.
Röm. 10, 10.

d) Joh. 6, 29. Jesus sprach zu ihnen: Das ist Gottes Werk, daß ihr an den glaubet, den Er gesandt hat.
1 Kor. 12, 3. Niemand kann Jesum einen HErrn heißen, ohne durch den heiligen Geist.
Matth. 16, 17. Apostelg. 16, 14.
e) Apostelg. 10, 44. Da Petrus noch redete, fiel der heilige Geist auf alle, die dem Wort zuhöreten.
Röm. 10, 17.
f) Röm. 3, 24. Wir werden ohne Verdienst gerecht, aus seiner Gnade, durch die Erlösung, so durch Christum Jesum geschehen ist.
Hebr. 10, 38.
g) Eph. 2, 8. 9. Aus Gnaden seid ihr selig worden, durch den Glauben, und dasselbe nicht aus euch, Gottes Gabe ist es; nicht aus den Werken, auf daß sich nicht jemand rühme.
Röm. 3, 24.

** 22. Frage. Was ist aber einem Christen noth zu glauben?

Alles was uns im Evangelio verheißen wird, welches uns die Artikel unsers allgemeinen unge=zweifelten christlichen Glaubens in einer Summa lehren.

Joh. 20, 31. Diese Zeichen sind geschrieben, daß ihr glaubet, Jesus sei der Christ, der Sohn Gottes, und daß ihr durch den Glauben das Leben habet.
Matth. 28, 20.

** 23. Frage. Wie lauten dieselben?

Ich glaube in **Gott Vater,** den Allmächti=gen, Schöpfer Himmels und der Erden.

Und in **Jesum Christum,** seinen eingebornen Sohn, unsern HErrn, der empfangen ist von dem heiligen Geist, geboren aus Maria der Jungfrau, gelitten unter Pontio Pilato, gekreuziget, gestorben und begraben, abgestiegen zu der Höllen, am dritten Tage wieder auferstanden von den Todten, aufge=fahren gen Himmel, sitzet zu der Rechten Gottes, des allmächtigen Vaters, von dannen Er kommen wird zu richten die Lebendigen und die Todten.

Ich glaube in den **heiligen Geist**, eine heilige allgemeine christliche Kirche, die Gemeinschaft der Heiligen, Vergebung der Sünden, Auferstehung des Fleisches und ein ewiges Leben.

* 24. Frage. Wie werden diese Artikel abgetheilt? **S. S.**

In brei Theile: der erste ist von Gott dem **Vater** und unsrer Erschaffung a); der andere von Gott dem **Sohn** und unsrer Erlösung b); der britte von Gott dem **heiligen Geist** und unsrer Heiligung c).

a) 1 Mos. 1, 1. Joh. 1, 1—3. 1 Mos. 1, 2.
b) Joh. 3, 16. 1 Tim. 2, 6. Joh. 1, 32.
c) Joh. 16, 13. Joh. 14, 16. 17. Joh. 16, 7.

* 25. Frage. Dieweil nur ein **einig** göttlich Wesen ist *)', warum nennst du **drei**: den Vater, Sohn, und heiligen Geist?

Darum, daß sich Gott also in seinem Wort geoffenbaret hat, daß diese drei a) unterschiedlichen Personen der einige, wahrhaftige, ewige Gott sind b).

*) 5 Mos. 6, 4. Höre, Israel, der HErr unser Gott ist ein einiger Gott.
a) Joh. 14, 16—23.
b) Matth. 3, 16. 17. Da Jesus getauft war, stieg Er alsbald herauf aus dem Wasser, und siehe da that sich der Himmel auf über Ihm. Und er (Johannes) sah den Geist Gottes gleich als eine Taube herabfahren und auf Ihn kommen. Und siehe eine Stimme aus dem Himmel sprach: Dies ist mein lieber Sohn, an welchem ich Wohlgefallen habe.
Matth. 28, 19. Gehet hin in alle Welt und machet zu Jüngern alle Völker, indem ihr sie taufet auf den Namen des Vaters und des Sohnes und des heiligen Geistes.
2 Kor. 13, 13. Die Gnade unsers HErrn Jesu

Christi und die Liebe Gottes und die Gemeinschaft des heiligen Geistes sei mit euch allen. Amen.

Von Gott dem Vater.

H. S. ** 26. Frage. Was glaubst du, wenn du sprichst: Ich glaube in Gott Vater, den allmächtigen Schöpfer Himmels und der Erden?

Daß der ewige **Vater** unsers HErrn **Jesu Christi** a), der Himmel und Erden, samt allem was darinnen ist, aus nichts **erschaffen** b), auch dieselbigen noch durch seinen ewigen Rath und Fürsehung **erhält** c) und **regieret** d), um seines Sohnes Jesu Christi willen, **mein** Gott und **mein** Vater sei e), auf welchen ich also vertraue f), daß ich nicht zweifle, Er werde mich mit aller Nothdurft Leibes und der Seele versorgen g), auch alles Uebel, so Er mir in diesem Jammerthal zuschicket, mir zu gut wenden h), dieweil Ers thun **kann,** als ein allmächtiger Gott i), und auch thun **will,** als ein getreuer Vater k).

a) Eph. 1, 3. Gelobet sei der Gott und Vater unseres HErrn Jesu Christi, der uns gesegnet hat mit allem geistlichen Segen in himmlischen Gütern durch Christum.

b) 2 Mos. 20, 11. In sechs Tagen hat der HErr Himmel und Erde gemacht, und das Meer, und alles was darin ist.

c) Psalm 115, 3. Unser Gott ist im Himmel; Er kann schaffen was Er will.
Psalm 104, 27—30.
Joh. 5, 17. Jesus antwortete: Mein Vater wirket bisher, und ich wirke auch.
Hebr. 1, 3.

d) Psalm 147, 4. 5. Er ordnet die Zahl der Sterne

und nennet sie alle mit Namen. Unser HErr ist groß und von großer Kraft; sein Verstand ist unermeßlich. Jes. 40, 26.

e) Eph. 1, 4—6. Gott hat uns erwählet in Christo, ehe der Welt Grund geleget war, daß wir sollten sein heilig und unsträflich vor ihm, und hat uns in der Liebe verordnet zur Kindschaft gegen ihm selbst durch Jesum Christ, nach dem Wohlgefallen seines Willens; zu Lobe seiner herrlichen Gnade, durch welche Er uns hat angenehm gemacht in dem Geliebten.

f) Psalm 118, 8. Es ist gut auf den HErrn vertrauen.
Hebr. 10, 35.

g) 1 Petr. 5, 7. Alle eure Sorgen werfet auf ihn, denn Er sorget für euch.
Hebr. 13, 5. Matth. 6, 26.

h) Röm. 8, 28. Wir wissen, daß denen die Gott lieben, alle Dinge zum besten dienen, denen die nach dem Vorsatz berufen sind.

i) Luc. 1, 37. Bei Gott ist kein Ding unmöglich.

k) Psalm 103, 13. Wie sich ein Vater über Kinder erbarmet, so erbarmet sich der HErr über die, so ihn fürchten.
Matth. 7, 9—11.

27. Frage. Was verstehst du durch die Fürsehung S. 10. Gottes?

Die allmächtige und gegenwärtige Kraft Gottes a), durch welche Er Himmel und Erde, samt allen Kreaturen, gleich als mit seiner Hand b) noch **erhält** c) und also **regieret,** daß Laub und Gras, Regen und Dürre, fruchtbare und unfruchtbare Jahre, Essen und Trinken d), Gesundheit und Krankheit e), Reichthum und Armuth f), und alles nicht ohngefähr, sondern von seiner väterlichen Hand uns zukomme g).

a) Apostelg. 17, 25. 27. Gott gibt jedermann Leben und Odem und alles; Er ist nicht fern von einem jeglichen unter uns.

b) Psalm 89, 14.
c) Hebr. 1, 3.
d) Psalm 145, 15. Aller Augen warten auf dich, und du gibst ihnen ihre Speise zu seiner Zeit.
Pf. 104, 13—15. Apostelg. 14, 17.
e) Joh. 9, 3.
f) 1 Sam. 2, 7. Der HErr machet arm, und machet reich; Er erniedriget, und erhöhet.
Sprüche 22, 2.
g) Matth. 10, 29. 30. Kauft man nicht zween Sperlinge um einen Pfennig? Noch fällt derselben keiner auf die Erde ohne euern Vater. Nun aber sind auch eure Haare auf dem Haupt alle gezählet.
Sprüche 16, 33.

28. Frage. Was für Nutzen bekommen wir aus der Erkenntniß der Schöpfung und Fürsehung Gottes?

Daß wir in aller Widerwärtigkeit **geduldig** a), in Glückseligkeit **dankbar** b) und aufs Zukünftige **guter Zuversicht** zu unserm getreuen Gott und Vater sein sollen c), daß uns keine Kreatur von seiner Liebe scheiden wird d). Dieweil alle Kreaturen also in seiner Hand sind, daß sie sich ohne seinen Willen auch nicht regen, noch bewegen können e).

a) Hiob 2, 10. Haben wir das gute angenommen von Gott und sollten das böse nicht auch annehmen?
Amos 3, 6. Ist auch ein Unglück in der Stadt, das der HErr nicht thue?
Pf. 39, 10.
b) 1 Theff. 5, 18. Seid dankbar in allen Dingen; denn das ist der Wille Gottes in Christo Jesu an euch.
5 Mos. 8, 10.
c) Psalm 55, 23. Wirf dein Anliegen auf den HErrn, der wird dich versorgen, und wird den Gerechten nicht ewiglich in Unruhe lassen.
d) Röm. 8, 38. 39. Ich bin gewiß, daß weder Tod noch Leben, weder Engel noch Fürstenthümer noch Gewalten, weder gegenwärtiges noch zukünftiges, weder hohes noch tiefes, noch irgend eine andere Kreatur uns schei=

ben kann von der Liebe Gottes in Christo Jesu, unserm HErrn.
e) Sprüche 21, 1. Des Königs Herz ist in der Hand des HErrn, wie Wasserbäche; Er neiget es wohin Er will.
Hiob 1, 12; 2, 6.

Von Gott dem Sohn.

** 29. Frage. Warum wird der Sohn Gottes **Jesus,** S. 11. das ist, ein **Seligmacher** genannt?

Darum, daß Er uns **selig macht** von unsern Sünden a), und daß bei keinem Andern einige Seligkeit zu suchen, noch zu finden ist b).
a) Matth. 1, 21. Sie wird einen Sohn gebären, deß Namen sollst du Jesus heißen; denn Er wird sein Volk selig machen von ihren Sünden.
Hebr. 7, 25. Er kann vollkommen selig machen die durch ihn zu Gott kommen, und lebet immerdar, und bittet für sie.
b) Apostelg. 4, 12. Es ist in keinem Andern Heil, ist auch kein anderer Name unter dem Himmel, den Menschen gegeben, darin wir sollen selig werden.
1 Tim. 2, 5. 6. Es ist Ein Gott und Ein Mittler zwischen Gott und den Menschen, der Mensch Christus Jesus, der sich selbst gegeben hat für alle zum Lösegeld.

30. Frage. Glauben denn die auch an den **einigen** Seligmacher Jesum, die ihre Seligkeit und Heil bei Heiligen, bei ihnen selbst oder anderswo suchen?

Nein: sondern sie verleugnen mit der That den einigen Seligmacher und Heiland Jesum, ob sie sich gleich sein rühmen a). Denn **entweder** Jesus nicht ein **vollkommener** Heiland sein muß, **oder** die diesen Heiland mit wahrem Glauben annehmen, müssen **alles** in ihm haben, das zu ihrer Seligkeit vonnöthen ist b).

a) 1 Kor. 1, 13. Ist Christus zertrennet? Ist denn Paulus für euch gekreuzigt? Oder seid ihr auf Pauli Namen getauft?
Gal. 5, 4. Ihr habt Christum verloren, die ihr durch das Gesetz gerecht werden wollt; ihr seid aus der Gnade gefallen.
b) Kol. 1, 19. 20. Es ist das Wohlgefallen gewesen, daß in ihm alle Fülle wohnen sollte, und Er alles durch ihn versöhnete zu ihm selbst, indem Er Friede machte durch das Blut seines Kreuzes, durch ihn, es sei auf der Erde oder in den Himmeln.
Joh. 1, 16. Von seiner Fülle haben wir alle genommen, Gnade um Gnade.

S. 12. ** 31. Frage. Warum ist Er **Christus**, das ist, ein **Gesalbter** genannt?

Daß Er von Gott dem Vater verordnet, und mit dem heiligen Geist **gesalbet** ist a) zu unserm obersten **Propheten** und Lehrer b), der uns den heimlichen Rath und Willen Gottes von unserer Erlösung vollkömmlich offenbaret c); und zu unserm einigen **Hohenpriester** d), der uns mit dem einigen Opfer seines Leibes erlöset hat e), und immerdar mit seiner Fürbitte vor dem Vater vertritt f); und zu unserm ewigen **König**, der uns mit seinem Wort und Geist regieret, und bei der erworbenen Erlösung schützet und erhält g).

a) Luc. 4, 18. 19. Der Geist des HErrn ist auf mir, derhalben Er mich gesalbet hat, und gesandt zu verkündigen das Evangelium den Armen, zu heilen die zerstoßenen Herzen, zu predigen den Gefangenen, daß sie los sein sollen, und den Zerschlagenen, daß sie frei und ledig sein sollen, und zu predigen das angenehme Jahr des HErrn.
Apostelg. 10, 38.
b) 5 Mos. 18, 15. Einen Propheten, wie mich, wird der HErr dein Gott dir erwecken aus dir und **beinen** Brüdern; den sollt ihr hören.

Apostelg. 3, 22.
c) Joh. 15, 15. Alles, was ich habe von meinem Vater gehöret, habe ich euch kund gethan.
Joh. 1, 18.
d) Psalm 110, 4. Der HErr hat geschworen, und wird ihn nicht gereuen: Du bist ein Priester ewiglich nach der Weise Melchisedeks.
Hebr. 7, 21.
e) Hebr. 10, 14. Mit Einem Opfer hat Er auf ewig vollendet, die geheiliget werden.
f) Röm. 8, 34. Wer will verdammen? Christus ist hier, der gestorben ist, ja vielmehr der auch auferwecket ist, welcher ist zur Rechten Gottes und vertritt uns.
1 Joh. 2, 1.
g) Luc. 1, 33. Er wird König sein über das Haus Jakob ewiglich, und seines Königreichs wird kein Ende sein.
Matth. 28, 18. Mir ist gegeben alle Gewalt im Himmel und auf Erden.
Joh. 10, 28. Ich gebe ihnen das ewige Leben und sie werden nimmermehr umkommen, und niemand wird sie aus meiner Hand reißen.

** 32. Frage. Warum wirst du aber ein **Christ** genannt*)?

Daß ich durch den Glauben ein Glied Christi a) **und also seiner Salbung theilhaftig bin** b), **auf daß auch ich seinen Namen bekenne** c), **mich ihm zu einem lebendigen Dankopfer darstelle** d), **und mit freiem Gewissen in diesem Leben wider die Sünde und Teufel streite** e), **und hernach in Ewigkeit mit ihm über alle Kreaturen herrsche** f).

*) Apostelg. 11, 26.
a) Eph. 5, 30. Wir sind Glieder seines Leibes, von seinem Fleisch und von seinem Gebein.
b) 1 Joh. 2, 20. 27. Ihr habt die Salbung von dem, der heilig ist, und wisset alles. Und die Salbung, die ihr von ihm empfangen habt, bleibet bei euch, und bedürfet nicht, daß euch jemand lehre.
c) Matth. 10, 32. Wer mich bekennet vor den Men-

schen, den will ich auch bekennen vor meinem himmlischen Vater.
d) Röm. 12, 1. Ich ermahne euch, liebe Brüder, durch die Barmherzigkeit Gottes, daß ihr eure Leiber **darstellet zum Opfer**, das da lebendig, heilig und Gott wohlgefällig sei, welches sei euer vernünftiger Gottesdienst.
1 Petr. 2, 5.
e) Eph. 6, 11. 12. Ziehet an den Harnisch Gottes, daß ihr **bestehen könnet gegen die listigen Anläufe des Teufels**; denn wir haben nicht mit Fleisch und Blut zu kämpfen, sondern mit Fürsten und Gewaltigen, nämlich mit den Herren der Welt, die in der Finsterniß dieser Welt herrschen, mit den bösen Geistern unter dem Himmel.
Jak. 4, 7. Widerstehet dem Teufel, so fliehet er von euch.
Hebr. 12, 4.
f) 2 Tim. 2, 12. Dulden wir, so werden wir auch mit **herrschen**.

S. 18. * 33. Frage. Warum heißt Er **Gottes eingeborner Sohn**, so doch wir auch Kinder Gottes sind?

Darum, daß Christus allein der ewige, natürliche Sohn Gottes ist a), wir aber um seinetwillen aus Gnaden zu Kindern Gottes angenommen sind b).

a) Joh. 1, 14. Das Wort ward Fleisch, und wohnete unter uns, und wir sahen seine Herrlichkeit, eine Herrlichkeit als des eingebornen Sohnes vom Vater, voller Gnade und Wahrheit.
Joh. 8, 58. Jesus sprach zu ihnen: Wahrlich, wahrlich, ich sage euch: ehe denn Abraham ward, bin ich.
Joh. 17, 5. Nun verkläre mich du, Vater, bei dir selbst, mit der Klarheit, die ich bei dir hatte, ehe die Welt war.
Micha 5, 2. Joh. 5, 23. Kol. 1, 15—17; 2, 9. Joh. 20, 28.
b) Joh. 1, 12. Wie viele ihn aufnahmen, denen gab Er Macht, Gottes Kinder zu werden, denen die an seinen Namen glauben.
Eph. 1. 5. 6. Gal. 4, 4.

* 34. Frage. Warum nennst du ihn **unsern HErrn?**

Daß Er uns mit Leib und Seel von den Sünden und aus aller Gewalt des Teufels, nicht mit Gold oder Silber, sondern mit seinem theuern Blut, **ihm zum Eigenthum** erlöset und erkaufet hat.

1 Petr. 1, 18. 19. Wisset, daß ihr nicht mit vergänglichem, Silber oder Gold, losgekauft seid von euerm eiteln Wandel nach väterlicher Weise; sondern mit dem theuern Blute Christi, als eines unschuldigen und unbefleckten Lammes.

1 Kor. 6, 20. Ihr seid theuer erkauft; darum so preiset Gott an euerm Leibe.

* 35. Frage. Was heißt, daß Er **empfangen** ist **S. 14.** **vom heiligen Geist, geboren aus Maria der Jungfrau?**

Daß der ewige Sohn Gottes, der wahrer und ewiger Gott ist a) und bleibt b), **wahre menschliche Natur,** aus dem Fleisch und Blut der Jungfrau Maria c), durch Wirkung des heiligen Geistes, an sich genommen hat d), auf daß Er auch der wahre Samen Davids sei e), seinen Brüdern in allem gleich f), **ausgenommen die Sünde** g).

a) Joh. 1, 1. Im Anfang war das Wort, und das Wort war bei Gott, und das Wort war Gott.
 Kol. 1, 15.
b) Joh. 1, 18. Niemand hat Gott je gesehen, der eingeborne Sohn, der in des Vaters Schooß ist, der hat es verkündigt.
 Joh. 1, 14.
c) Gal. 4, 4. Da die Zeit erfüllet ward, sandte Gott seinen Sohn, geboren von einem Weibe, und unter das Gesetz gethan, auf daß Er die, so unter dem Gesetz waren, loskaufete, damit wir die Kindschaft empfingen.
 Luc. 2, 6. 7.
d) Luc. 1, 35. Der Engel sprach zu Maria: Der heilige Geist wird über dich kommen, und die Kraft des Höchsten wird dich überschatten; darum auch das Hei-

lige, das von dir geboren wird, wird Gottes
Sohn genannt werden.
e) Luc. 1, 32. Dieser (Jesus) wird groß sein, und ein
Sohn des Höchsten genannt werden, und Gott der HErr
wird ihm den Stuhl seines Vaters David geben.
Röm. 1, 3.
f) Phil. 2, 7. Er entäußerte sich selbst, und nahm Knechts=
gestalt an, ward gleich wie ein anderer Mensch,
und an Geberden als ein Mensch erfunden.
Hebr. 2, 17.
g) Hebr. 4, 15. Wir haben nicht einen Hohenpriester,
der nicht könnte Mitleiden haben mit unsern Schwach=
heiten, sondern der versucht ist allenthalben, gleichwie
wir, doch ohne Sünde.
Joh. 8, 46. 1 Petr. 2, 22. 1 Joh. 3, 5.

36. **Frage.** Was für Nutzen bekommst du aus der
heiligen Empfängniß und Geburt Christi?

Daß Er unser Mittler ist a), und mit seiner
Unschuld und vollkommenen Heiligkeit meine Sünde,
darin ich bin empfangen, vor Gottes Angesicht be=
decket b).

a) 1 Tim. 2, 5. Es ist Ein Mittler zwischen Gott
und den Menschen, der Mensch Christus Jesus.
Hebr. 7, 26. 27.
b) 1 Petr. 1, 18. 19. Wisset, daß ihr nicht mit vergäng=
lichem Silber oder Gold, losgekauft seid von euerm
eiteln Wandel nach väterlicher Weise, sondern
mit dem theuern Blute Christi, als eines unschul=
digen und unbefleckten Lammes.
Röm. 8, 3. 4. Pf. 32, 1.

S. 15. * 37. **Frage.** Was verstehst du durch das Wörtlein:
gelitten?

Daß Er an Leib und Seel a) die ganze Zeit
seines Lebens auf Erden b), sonderlich aber am
Ende desselben c), den **Zorn Gottes** wider die
Sünde des ganzen menschlichen Geschlechts getragen
hat d), auf daß Er mit seinem Leiden, als mit dem
einigen **Sühnopfer** e), unser Leib und Seel von

der ewigen Verdammniß erlösete f) und Gottes Gnade, Gerechtigkeit und ewiges Leben erwürbe g).

a) Psalm 22, 15—17. Ich bin ausgeschüttet wie Wasser, alle meine Gebeine haben sich zertrennet; mein Herz ist wie zerschmolzenes Wachs in meinem Leibe. Meine Kraft ist vertrocknet wie ein Scherbe, und meine Zunge klebet an meinem Gaum. Sie haben meine Hände und Füße durchgraben.

Matth. 26, 38. Jesus sprach zu ihnen: Meine Seele ist betrübet bis an den Tod.

b) Matth. 2, 14. Matth. 4, 2. Job. 4, 6. Luc. 9, 58. — Hebr. 12, 3. Marc. 8, 33. Marc. 9, 19. Joh. 11, 33. 35. Luc. 19, 41.

c) Luc. 18, 31—33. Math. 27, 46.

d) Jes. 53, 5. 6. Die Strafe lag auf ihm, auf daß wir Friede hätten, und durch seine Wunden sind wir geheilet. Der HErr warf unser aller Sünde auf ihn.

Joh. 1, 29. Siehe das ist Gottes Lamm, das der Welt Sünde trägt.

e) 1 Joh. 2, 2. Jesus Christus ist die Versöhnung für unsere Sünden.

1 Kor. 5, 7. Wir haben auch ein Osterlamm, das ist Christus, für uns geopfert.

Röm. 3, 25.

f) Gal. 3, 13. Christus hat uns losgekauft vom Fluch des Gesetzes, da Er ward ein Fluch für uns. Kol. 1, 13.

g) 2 Kor. 5, 21. Gott hat den, der von keiner Sünde wußte, für uns zur Sünde gemacht, auf daß wir würden in ihm die Gerechtigkeit Gottes.

Joh. 3, 16. Also hat Gott die Welt geliebt, daß Er seinen eingebornen Sohn gab, auf daß alle die an ihn glauben, nicht verloren werden, sondern das ewige Leben haben.

* 38. Frage. Warum hat Er unter dem Richter gelitten?

unter dem weltlichen
   damit von
   gehen
sollte,

a) Joh. 18, 38. Pilatus spricht zu den Juden: Ich finde keine Schuld an ihm.
b) Psalm 69, 5. Ich muß bezahlen, das ich nicht geraubet habe.
2 Kor. 5, 21.

39. Frage. Ist es etwas mehr, daß Er ist **gekreuziget** worden, denn so Er eines andern Todes gestorben wäre?

Ja a): denn dadurch bin ich gewiß, daß Er die Vermaledeiung, die auf mir lag, auf sich geladen habe, dieweil der Tod des Kreuzes von Gott verflucht war b).

a) Phil. 2, 8. Er erniedrigte sich selbst, und ward gehorsam bis zum Tode, ja zum Tode am Kreuz.
b) Gal. 3, 13. Christus hat uns losgekauft vom Fluch des Gesetzes, da Er ward ein Fluch für uns; denn es stehet geschrieben: Verflucht ist jedermann, der am Holze hängt.
5 Mos. 21, 22. 23.

S. 16. * 40. Frage. Warum hat Christus den **Tod** müssen leiden?

Darum, daß von wegen der Gerechtigkeit a) und Wahrheit Gottes b) nicht anders für unsere Sünde mochte **bezahlet** werden, denn durch den Tod des Sohnes Gottes c).

a) 1 Mos. 2, 17. Von dem Baum des Erkenntnisses gutes und böses sollst du nicht essen; denn welches Tages du davon issest, wirst du des Todes sterben.
b) 1 Mos. 3, 15. Ich will Feindschaft setzen zwischen dir und dem Weibe, zwischen deinem Samen und ihrem Samen, und derselbe soll dir den Kopf zertreten, und du wirst ihn in die Ferse stechen.
c) Hebr. 2, 14. 15. Nachdem nun die Kinder Fleisch und Blut haben, ist auch Er gleichermaßen desselben theilhaftig worden, auf daß Er durch den Tod die Macht nähme dem, der des Todes Gewalt hat, das ist dem Teufel, und erlösete die, so durch Furcht des Todes ihr ganzes Lebenlang Knechte sein mußten.

* 41. **Frage.** Warum ist Er **begraben** worden?

Damit zu bezeugen, daß Er wahrhaftig gestorben sei.

Joh. 19, 33—38.

42. **Frage.** Weil denn Christus für uns gestorben ist, wie kommts, daß wir auch sterben müssen?

Unser Tod ist nicht eine Bezahlung für unsere Sünden a), sondern nur eine Absterbung der Sünden und Eingang zum ewigen Leben b).

a) Matth. 16, 26. Was kann der Mensch geben, daß er seine Seele wieder löse?

b) Phil. 1, 21. 23. Christus ist mein Leben, und Sterben ist mein Gewinn. Ich habe Lust abzuscheiden und bei Christo zu sein.

Joh. 5, 24; 11, 25—26.

43. **Frage.** Was bekommen wir mehr für Nutzen aus dem Opfer und Tod Christi am Kreuz?

Daß durch seine Kraft unser alter Mensch mit ihm gekreuziget, getödtet und begraben wird a), auf daß die bösen Lüste des Fleisches nicht mehr in uns regieren b), sondern daß wir uns selbst ihm zur Danksagung aufopfern c).

a) Röm. 6, 6. Wir wissen, daß unser alter Mensch samt ihm gekreuzigt ist, auf daß der sündliche Leib aufhöre, daß wir hinfort der Sünde nicht dienen.

b) Röm. 6, 11. 12. Haltet euch dafür, daß ihr der Sünde gestorben seid, und lebet Gott in Christo Jesu, unserm HErrn. So laßt nun die Sünde nicht herrschen in euerm sterblichen Leibe, ihr Gehorsam zu leisten in seinen Lüsten.

c) Röm. 6, 18. Nun ihr frei geworden seid von der Sünde, seid ihr Knechte geworden der Gerechtigkeit.

Röm. 12, 1.

* 44. Frage. Warum folget: **abgestiegen zu der Höllen?**

Daß ich in meinen höchsten Anfechtungen versichert sei, mein HErr Christus habe mich durch seine unaussprechliche Angst, Schmerzen und Schrecken, die Er auch an seiner Seele, am Kreuz und zuvor erlitten a), von der höllischen Angst und Pein erlöset b).

a) Matth. 27, 46. Jesus schrie laut und sprach: Mein Gott, mein Gott, warum hast du mich verlassen? Luc. 22, 44. Pf. 18, 5. 6. Pf. 116, 3. Hebr. 5, 7.

b) Hosea 13, 14. Ich will sie erlösen aus der Hölle Gewalt und vom Tod erretten. Tod, ich will dir ein Gift sein; Hölle, ich will dir eine Pestilenz sein. 1 Kor. 15, 55. 57.

S. 17. * 45. Frage. Was nützet uns die **Auferstehung** Christi?

Erstlich: hat Er durch seine Auferstehung den Tod überwunden, daß Er uns der Gerechtigkeit, die Er uns durch seinen Tod erworben hat, könnte theilhaftig machen a). Zum andern: werden auch wir jetzund durch seine Kraft erwecket zu einem neuen Leben b). Zum dritten: ist uns die Auferstehung Christi ein gewisses Pfand unserer seligen Auferstehung c).

a) Röm. 4, 25. Christus ist um unserer Sünden willen dahin gegeben, und um unserer Gerechtigkeit willen auferwecket.

b) Röm. 6, 4. So sind wir je mit ihm begraben durch die Taufe in den Tod, auf daß, gleichwie Christus ist auferwecket von den Todten durch die Herrlichkeit des Vaters, also auch wir in einem neuen Leben wandeln sollen.

c) 1 Kor. 15, 20. 21. Christus ist auferstanden von den Todten und der Erstling geworden unter denen, die da schlafen. Sintemal durch einen Menschen der Tod, und

durch einen Menschen die Auferstehung der Todten kommt.
1 Theſſ. 4, 14.

* 46. Frage. Wie verſteheſt du, daß Er iſt **gen S. 18. Himmel gefahren?**

Daß Chriſtus vor den Augen ſeiner Jünger iſt von der Erde aufgehoben gen Himmel a), und uns zu gut **daſelbſt iſt** b), bis daß Er wieder kommt zu richten die Lebendigen und die Todten c).

a) Apoſtelg. 1, 9. Da Jeſus ſolches geſagt, ward Er aufgehoben zuſehens, und eine Wolke nahm ihn vor ihren Augen weg.
Luc. 24, 50. 51.
b) Joh. 16, 7. Ich ſage euch die Wahrheit: es iſt euch gut, daß ich hingehe.
Joh. 14, 2—4. Röm. 8, 34.
c) Apoſtelg. 3, 21. Chriſtus muß die Himmel einnehmen bis auf die Zeiten, da herwiedergebracht werde alles was Gott geredet hat durch den Mund ſeiner heiligen Propheten. Apoſtelg. 1, 11.

47. Frage. Iſt denn Chriſtus nicht bei uns bis ans Ende der Welt, wie Er uns verheißen hat *)?

Chriſtus iſt wahrer Menſch und wahrer Gott: nach ſeiner menſchlichen Natur iſt Er jetzund nicht auf Erden a), aber nach ſeiner Gottheit, Majeſtät, Gnade und Geiſt weichet Er nimmer von uns b).

*) Matth. 28, 20. Siehe, ich bin bei euch alle Tage, bis an der Welt Ende.
a) Joh. 16, 28. Ich bin vom Vater ausgegangen und gekommen in die Welt; wiederum verlaſſe ich die Welt und gehe zum Vater.
Matth. 26, 11.
Hebr. 8, 4. Wenn Er nun auf Erden wäre, ſo wäre Er nicht Prieſter, dieweil da Prieſter ſind, die nach dem Geſetz die Gaben opfern.
b) Joh. 14, 18. Ich will euch nicht Waiſen laſſen; ich komme zu euch.
Joh. 14, 16.

48. Frage. Werden aber mit der Weise die zwo Naturen in Christo nicht von einander getrennt, so die Menschheit nicht überall ist, da die Gottheit ist?

Mit nichten: denn weil die Gottheit unbegreiflich und allenthalben gegenwärtig ist a), so muß folgen, daß sie wohl außerhalb der angenommenen Menschheit b) und dennoch nichts besto weniger auch in derselben ist und persönlich mit ihr vereinigt bleibt c).

a) 1 Kön. 8, 25. Der Himmel und aller Himmel Himmel mögen dich nicht fassen.
Pf. 139, 8.
b) Joh. 3, 13. Niemand fähret gen Himmel, als der vom Himmel herniedergekommen ist, des Menschen Sohn, der im Himmel ist.
c) Kol. 2, 9. In ihm wohnet die ganze Fülle der Gottheit leibhaftig.

49. Frage. Was nützet uns die Himmelfahrt Christi?

Erstlich: daß Er im Himmel vor dem Angesicht seines Vaters unser Fürsprecher ist a). Zum andern: daß wir unser Fleisch im Himmel zu einem sichern Pfand haben, daß Er, als das Haupt, uns seine Glieder auch zu sich werde hinauf nehmen b). Zum dritten: daß Er uns seinen Geist zum Gegenpfand herab sendet c), durch welches Kraft wir suchen was droben ist, da Christus ist sitzend zu der Rechten Gottes, und nicht das auf Erden ist d).

a) Hebr. 7, 24. 25. Darum daß Christus bleibet ewiglich, hat Er ein unvergängliches Priesterthum. Darum Er auch vollkommen selig machen kann die durch ihn zu Gott kommen, und lebet immerbar, und bittet für sie.
1 Joh. 2, 1. Röm. 8, 34.
b) Joh. 14, 2. 3. In meines Vaters Hause sind viele Wohnungen. Wenn es nicht so wäre, so würde ich zu euch sagen: Ich gehe hin, euch die Stätte zu bereiten. Und ob ich hingehe euch die Stätte zu bereiten, will ich doch wieder kommen, und euch zu mir nehmen, auf daß auch ihr seid, wo ich bin.

Joh. 17, 24. Eph. 2, 6.
c) 2 Kor. 1, 21. 22. Gott ist es, der uns befestiget samt euch in Christum, und uns gesalbet, und versiegelt, und in unsere Herzen das Pfand, den Geist, gegeben hat.
Joh. 16, 7.
d) Kol. 3, 1. Seid ihr nun mit Christo auferstanden, so suchet was droben ist, da Christus ist, sitzend zu der Rechten Gottes.

* 50. Frage. Warum wird hinzugesetzt, daß Er **sitzet** S. 19. **zu der Rechten Gottes?**

Daß Christus darum gen Himmel gefahren ist, daß Er sich daselbst erzeige als das Haupt seiner christlichen Kirche a), durch welches der Vater alles regieret b).

a) Eph. 1, 22. 23. Gott hat alle Dinge unter seine Füße gethan und ihn gegeben seiner Gemeine zum Haupt über alles; welche da ist sein Leib, die Fülle deß, der alles in allem erfüllet.
Kol. 1, 18.
b) Joh. 5, 22. Der Vater richtet niemand, sondern alles Gericht hat Er dem Sohne gegeben.
Matth. 28, 18. 1 Kor. 15, 25.

51. Frage. Was nützet uns die Herrlichkeit unsers Hauptes Christi?

Erstlich: daß Er durch seinen heiligen Geist in uns, seine Glieder, die himmlischen Gaben ausgießt a). Danach: daß Er uns mit seiner Gewalt wider alle Feinde schützet und erhält b).

a) Apostelg. 2, 33. Nun Er durch die Rechte Gottes erhöhet ist, und empfangen hat die Verheißung des heiligen Geistes vom Vater, hat Er ausgegossen dies, das ihr sehet und höret.
Eph. 4, 8. 10.
b) Joh. 10, 28. Ich gebe ihnen das ewige Leben, und sie werden nimmermehr umkommen, und niemand wird sie aus meiner Hand reißen.
Ps. 8, 9. Joh. 16, 33.

* 52. Frage. Was tröstet dich die **Wiederkunft Christi zu richten die Lebendigen und die Todten?**

Daß ich in aller Trübsal und Verfolgung mit aufgerichtetem Haupt a) eben des Richters, der sich zuvor dem Gericht Gottes für mich dargestellet und alle Vermaledeiung von mir hinweggenommen hat, aus dem Himmel gewärtig bin b), daß Er alle seine und meine Feinde in die ewige Verdammniß werfe c), mich aber samt allen Auserwählten zu sich in die himmlische Freud und Herrlichkeit nehme d).

a) Luc. 21, 28. Wenn aber dies anfängt zu geschehen, so sehet auf, und hebet eure Häupter auf, darum daß sich eure Erlösung nahet.
b) Phil. 3, 20. Unser Wandel ist in den Himmeln, von dannen wir auch warten des Heilandes, des HErrn Jesu Christi.
Röm. 8, 23. Tit. 2, 13.
c) Matth. 25, 41. Zu denen zur Linken wird Er sagen: Gehet hin von mir, ihr Verfluchten, in das ewige Feuer, das bereitet ist dem Teufel und seinen Engeln.
2 Thess. 1, 6. 7. Offenb. 20, 10.
d) Matth. 25, 34. Da wird der König sagen zu denen zu seiner Rechten: Kommet her, ihr Gesegneten meines Vaters: ererbet das Reich, das euch bereitet ist von Grundlegung der Welt.
Offenb. 21, 1—7.

Von Gott dem heiligen Geist.

S. 20. ** 53. Frage. Was glaubst du vom **heiligen Geist?**

Erstlich: daß Er gleich ewiger **Gott** mit dem **Vater** und **Sohn** ist a). Zum andern: daß Er **auch mir** gegeben ist b), mich durch einen wahren Glauben, Christi und aller seiner Wohlthaten theil=

haftig macht c), mich tröstet d), und bei mir bleiben wird bis in Ewigkeit e).

- a) 1 Mos. 1, 2. Der Geist Gottes schwebete über den Wassern.
Apostelg. 5, 3. 4. Petrus sprach: Ananias, warum hat der Satan dein Herz erfüllet, daß du dem heiligen Geist lögest, und entwendetest vom Gelde des Ackers? — Du hast nicht Menschen sondern Gott gelogen.
- b) Gal. 4, 6. Weil ihr denn Kinder seid, hat Gott gesandt den Geist seines Sohnes in eure Herzen, der schreiet: Abba, lieber Vater!
- c) Gal. 3, 14. Christus hat uns erkauft vom Fluch des Gesetzes, auf daß der Segen Abrahams unter die Heiden käme in Christo Jesu, auf daß wir die Verheißung des Geistes empfingen durch den Glauben.
Eph. 3, 16. 1 Kor. 6, 17. Röm. 8, 9.
- d) Apostelg. 9, 31. So hatte nun die ganze Gemeine Frieden durch ganz Judäa und Galiläa und Samaria, und bauete sich, und wandelte in der Furcht des HErrn, und ward erfüllet mit dem Trost des heiligen Geistes.
Joh. 15, 26.
- e) Joh. 14, 16. Und ich will den Vater bitten, und Er soll euch einen andern Tröster geben, daß er bei euch bleibe ewiglich, den Geist der Wahrheit.
1 Petr. 4, 14.

* 54. Frage. Was glaubst du von der **heiligen allgemeinen christlichen Kirche?** S. 21.

Daß der Sohn Gottes a) aus dem ganzen menschlichen Geschlecht b) ihm eine **auserwählte Gemeine** zum ewigen Leben c), durch seinen Geist und Wort d), in Einigkeit des wahren Glaubens e), von Anbeginn der Welt bis ans Ende f) versammle, schütze und erhalte g), und daß ich derselben ein lebendiges Glied bin h), und ewig bleiben werde i).

- a) Eph. 4, 11—13. Christus hat etliche zu Aposteln gesetzt, etliche zu Propheten, etliche zu Evangelisten, etliche zu Hirten und Lehrern, daß die Heiligen zugerichtet wer-

ben zum Werke des Dienstes, daß der Leib Christi erbauet werde; bis daß wir alle hinaufkommen zur Einheit des Glaubens und der Erkenntniß des Sohnes Gottes, und ein vollkommener Mann werden nach dem Maße des vollen Alters Christi.
Apostelg. 20, 28.
b) Offenb. 5, 9. Du bist erwürget, und hast uns Gott erkauft mit deinem Blut aus **allerlei Geschlecht und Zungen und Volk und Heiden**.
1 Mos. 26, 4.
c) Röm. 8, 29. 30. Welche Er zuvor versehen hat, die hat Er auch verordnet, daß sie gleich sein sollten dem Bilde seines Sohnes, auf daß derselbe der Erstgeborne sei unter vielen Brüdern. Welche Er aber verordnet hat, die hat Er auch **berufen**; welche Er aber berufen hat, die hat Er auch **gerecht gemacht**; welche Er aber hat gerecht gemacht, die hat Er auch **herrlich gemacht**.
Joh. 15, 16. Nicht ihr habt mich erwählet, sondern **Ich habe euch erwählet**, und gesetzt, daß ihr hingehet und Frucht bringet, und eure Frucht bleibe.
1 Petr. 2, 9. Ihr seid das **auserwählte Geschlecht**, das königliche Priesterthum, das heilige Volk, das Volk zum Eigenthum, daß ihr verkündigen sollt die Tugenden deß, der euch **berufen hat** aus der Finsterniß zu seinem wunderbaren Lichte.
d) Röm. 1, 16. Ich schäme mich des Evangelii von Christo nicht; denn es ist eine Kraft Gottes, selig zu machen alle die daran glauben, die Juden vornehmlich und auch die Griechen.
Röm. 15, 17—19. Jes. 59, 21.
e) Apostelg. 2, 42. Sie blieben beständig in der Apostel Lehre und in der Gemeinschaft, im Brotbrechen und im Gebet.
Eph. 4, 3—5; V. 18.
f) Luc. 11, 49. 50. Matth. 28, 20.
g) Matth. 16, 18. Auf diesen Felsen will ich bauen **meine Gemeine, und die Pforten der Hölle werden sie nicht überwältigen**.
Psalm 129, 1—5.
h) Röm. 8, 16. Der (heilige) Geist selbst gibt Zeugniß unserm Geist, daß wir **Gottes Kinder** sind.
1 Joh. 3, 21. 2 Kor. 13, 5.
i) Psalm 23, 6. Gutes und Barmherzigkeit werden mir

folgen mein Lebenlang, und ich werde bleiben im Hause des HErrn immerdar.

1 Kor. 1, 8—9. Gott wird euch fest behalten bis ans Ende, daß ihr unsträflich seid auf den Tag unsers HErrn Jesu Christi. Denn Gott ist treu, durch welchen ihr berufen seid zur Gemeinschaft seines Sohnes Jesu Christi, unsers HErrn.

1 Petr. 1, 5. 1 Joh. 2, 19.

* 55. Frage. Was verstehst du durch die **Gemeinschaft der Heiligen**?

Erstlich: daß alle und jede Gläubige als Glieder a) an dem HErrn Christo und allen seinen Schätzen und Gaben Gemeinschaft haben b). Zum andern: daß ein jeder seine Gaben zu Nutz und Heil der andern Glieder, willig und mit Freuden anzulegen, sich schuldig wissen soll c).

a) Eph. 5, 30.
b) 1 Joh. 1, 3. Unsere Gemeinschaft ist mit dem Vater und mit seinem Sohne Jesu Christo.
Röm. 8, 23. Wir selbst, die wir des Geistes Erstlinge haben, sehnen uns auch bei uns selbst nach der Kindschaft und warten auf unsers Leibes Erlösung.
Joh. 1, 16.
c) 1 Petr. 4, 10. Dienet einander, ein jeglicher mit der Gabe, die er empfangen hat, als die guten Haushalter der mancherlei Gnade Gottes.
Eph. 4, 15. 16.

* 56. Frage. Was glaubst du von der **Vergebung der Sünden**?

Daß Gott um der Genugthuung Christi willen, aller meiner Sünden a), auch der sündlichen Art, mit der ich mein Lebenlang zu streiten habe b), nimmermehr gedenken will c), sondern mir die Gerechtigkeit Christi aus Gnaden schenket, daß ich ins Gericht nimmermehr soll kommen d).

a) 1 Joh. 1, 7. Das Blut Jesu Christi, des Sohnes Gottes, macht uns rein von aller Sünde.
2 Kor. 5, 19. 21. 1 Joh. 2, 2.

b) Röm. 7, 23—25.
c) Jerem. 31, 34. Ich will ihnen ihre Missethat vergeben, und ihrer Sünde nicht mehr gedenken.
Mich. 7, 19. Röm. 8, 1.
d) Joh. 5, 24. Wahrlich, wahrlich ich sage euch: Wer mein Wort höret und glaubet dem, der mich gesandt hat, der hat das ewige Leben, und kommt nicht ins Gericht, sondern er ist vom Tode zum Leben hindurchgedrungen.
Joh. 3, 18.

S. 22. * 57. Frage. Was tröstet dich die **Auferstehung des Fleisches?**

Daß nicht allein meine **Seele** nach diesem Leben alsbald zu Christo, ihrem Haupt, genommen wird a): sondern auch, daß dies mein **Fleisch** durch die Kraft Christi auferwecket, wieder mit meiner Seele vereiniget, und dem herrlichen Leib Christi gleichförmig werden soll b).

a) Luc. 23, 43. Jesus sprach zu ihm: Wahrlich ich sage dir, heute wirst du mit mir im Paradiese sein.
Luc. 16, 22. Phil. 1, 23. 2 Kor. 5, 1.
b) Hiob 19, 25—27. Ich weiß, daß mein Erlöser lebt, und daß Er zuletzt wird überm Staube stehen; und ich werde mit dieser meiner Haut hernach umgeben werden, und werde in meinem Fleische Gott sehen. Denselben werde ich mir sehen, und meine Augen werden ihn schauen, und kein Fremder.
Joh. 5, 28. 29.
1 Joh. 3, 2. Meine Lieben, wir sind nun Gottes Kinder, und ist noch nicht erschienen was wir sein werden. Wir wissen, daß wenn es erscheinen wird, wir Ihm gleich sein werden; denn wir werden Ihn sehen wie Er ist.
1 Kor. 15, 42—44.

* 58. Frage. Was tröstet dich der Artikel vom **ewigen Leben.**

Daß, nachdem ich jetzund den **Anfang** der ewigen Freude in meinem Herzen empfinde b), ich nach diesem Leben **vollkommene Seligkeit** besitzen werde b), die kein Auge gesehen, kein Ohr gehöret, und in keines Menschen Herz nie kommen ist c), Gott ewiglich darin zu preisen d).

a) Röm. 8, 23. Wir selbst, die wir des Geistes Erstlinge haben, sehnen uns bei uns selbst nach der Kindschaft, und warten auf unsers Leibes Erlösung. 1 Petr. 1, 3—6.
b) 1 Kor. 13, 10. Wenn kommen wird das vollkommene, so wird das Stückwerk aufhören.
Matth. 25, 34. 46.
c) 1 Kor. 2, 9. Das kein Auge gesehen hat und kein Ohr gehöret hat, und in keines Menschen Herz gekommen ist, das Gott bereitet hat denen, die ihn lieben.
d) Offenb. 19, 5. Eine Stimme ging von dem Thron und sprach: Lobet unsern Gott, alle seine Knechte und die ihn fürchten, beide kleine und große.
Offenb. 5, 9. 10.

** 59. Frage. Was hilft es dich aber nun, wenn du S. 23. dies alles glaubest?

Daß ich in Christo vor Gott gerecht a), und ein Erbe des ewigen Lebens bin b).

a) Röm. 1, 16. 17. Das Evangelium von Christo ist eine Kraft Gottes, selig zu machen alle die daran glauben, die Juden vornehmlich und auch die Griechen. Sintemal darin geoffenbaret wird die Gerechtigkeit Gottes, welche kommt aus Glauben in Glauben, wie geschrieben stehet: Der Gerechte wird seines Glaubens leben.
b) Joh. 5, 24. Wahrlich, wahrlich ich sage euch: Wer mein Wort höret und glaubet dem, der mich gesandt hat, der hat das ewige Leben.

* 60. Frage. Wie bist du **gerecht** vor Gott?

Allein durch wahren Glauben in Jesum Christum a); also: daß ob mich schon mein Gewissen anklagt, daß ich wider alle Gebote Gottes schwerlich gesündiget und derselben keines nie gehalten habe b), auch noch immerdar zu allem Bösen geneigt bin c), doch Gott ohne all mein Verdienst d), aus lauter Gnaden e), mir die vollkommene Genugthuung f), Gerechtigkeit und Heiligkeit Christi schenket und zurechnet g), als hätte ich nie keine Sünde begangen noch gehabt, und selbst allen den Gehorsam vollbracht, den Christus für mich hat geleistet h), wenn ich allein solche Wohlthaten mit gläubigem Herzen annehme i).

a) Röm. 3, 28. So halten wir es nun, daß der Mensch gerecht werde, ohne des Gesetzes Werke, durch den Glauben.
Gal. 2, 16. Phil. 3, 9. Röm. 3, 21. 22.

b) Röm. 3, 23. Es ist hier kein Unterschied; denn sie sind allzumal Sünder und mangeln des Ruhmes vor Gott.
Pf. 19, 13.

c) Röm. 7, 21—23.

d) Röm. 3, 24. Sie werden ohne Verdienst gerecht aus seiner Gnade, durch die Erlösung, so durch Jesum Christum geschehen ist.

e) Eph. 2, 8. 9. Aus Gnaden seid ihr selig geworden durch den Glauben; und dasselbe nicht aus euch, Gottes Gabe ist es; nicht aus den Werken, auf daß sich nicht jemand rühme.

f) Röm. 5, 19. Gleichwie durch Eines Menschen Ungehorsam Viele Sünder geworden sind, also auch durch Eines Gehorsam werden Viele Gerechte.

g) Jes. 1, 18. Wenn eure Sünden gleich blutroth sind, sollen sie doch schneeweiß werden; und wenn sie gleich roth sind wie Purpur, sollen sie doch wie Wolle werden.
Hebr. 10, 10. 14.

h) Joh. 17, 19. Ich heilige mich selbst für sie, auf daß auch sie geheiliget seien in der Wahrheit.
Hebr. 12, 2. Röm. 5, 19.

i) Röm. 10, 10. So man von Herzen glaubt, so wird man gerecht.
Röm. 4, 23. 24.

61. Frage. Warum sagst du, daß du **allein** durch den Glauben gerecht seiest?

Nicht, daß ich von wegen der Würdigkeit meines Glaubens Gott gefalle, sondern darum, daß **allein** die Genugthuung, Gerechtigkeit und Heiligkeit Christi meine Gerechtigkeit vor Gott ist a); und ich dieselbe nicht anders, denn **allein durch den Glauben** annehmen und mir zueignen kann b).

a) 1 Kor. 1, 30. Christus Jesus ist uns gemacht von Gott zur Weisheit und zur Gerechtigkeit und zur Heiligung und zur Erlösung.
Phil. 3, 9.

b) 1 Joh. 5, 10. Wer da glaubet an den Sohn Gottes, der hat das Zeugniß bei sich. Wer Gott nicht glaubet, der macht ihn zum Lügner, denn er glaubet nicht an das Zeugniß, das Gott zeuget von seinem Sohne.
Röm. 4, 3. Hebr. 11, 6.

62. Frage. Warum können aber unsere guten Werke **S. 24.** nicht die Gerechtigkeit vor Gott oder ein Stück derselben sein?

Darum, daß die Gerechtigkeit, so vor Gottes Gericht bestehen soll, durchaus vollkommen und dem göttlichen Gesetz ganz gleichförmig sein muß a); und aber auch unsere besten Werke in diesem Leben alle unvollkommen und mit Sünden befleckt sind b).

a) Jak. 2, 10. So jemand das ganze Gesetz hält, sündiget aber an Einem, der ist es ganz schuldig.
Gal. 3, 10.

b) Jes. 64, 6. Wir sind allesamt wie die unreinen, und alle unsere Gerechtigkeit ist wie ein unfläthiges Kleid.
Phil. 3, 12.

63. Frage. Verdienen aber unsere guten Werke nichts, so sie doch Gott in diesem und zukünftigen Leben will **belohnen?**

Diese Belohnung geschieht nicht aus Verdienst, sondern aus **Gnaden.**
Luc. 17, 10. Röm. 11, 35. 36.

64. Frage. Macht aber diese Lehre nicht sorglose und verruchte Leute?

Nein a), denn es unmöglich ist, daß die, so Christo durch wahren Glauben sind eingepflanzet, nicht Frucht der Dankbarkeit sollen bringen b).

a) Röm. 3, 30; 6, 1.
b) Joh. 15, 5. Ich bin der Weinstock, ihr seid die Reben. Wer in mir bleibet, bringt viele Frucht; denn ohne mich könnet ihr nichts thun.

Von den heiligen Sacramenten.

S. 25. 65. Frage. Dieweil denn allein der Glaube uns Christi und aller seiner Wohlthaten theilhaftig macht, **woher kommt solcher Glaube?**

Der heilige Geist **wirket** denselben in unsern Herzen a) durch die Predigt des heiligen Evangeliums b) und **bestätiget** ihn durch den Brauch der heiligen Sacramente c).

a) Joh. 6, 29.
b) Röm. 10, 17.
c) Röm. 4, 11. Apostelg. 8, 36—38; 16, 30—33. 1 Petr. 1, 22. 23.

* 66. Frage. Was sind die **Sacramente?**

Es sind sichtbare a), heilige b) **Wahrzeichen und Siegel,** von Gott dazu eingesetzt c), daß Er uns durch den Brauch derselben die Verheißung des Evangeliums desto besser zu verstehen gebe, und versiegle; nämlich: daß Er uns, von wegen des einigen Opfers Christi am Kreuz vollbracht, Vergebung der Sünden und ewiges Leben aus Gnaden schenke d).

a) Röm. 2, 28. 2 Mos. 12, 23.

b) 2 Mos. 29, 33.
c) Röm. 4, 11. Das Zeichen der Beschneidung empfing Abraham zum Siegel der Gerechtigkeit des Glaubens, welchen er noch in der Vorhaut hatte.
1 Mos. 17, 11. 2 Mos. 13, 9.
d) Marc. 16, 16. Luc. 22, 20. Matth. 20, 22. 23.

67. Frage. Sind denn beide, das Wort und die Sacramente, dahin gerichtet, daß sie unsern Glauben auf das Opfer Jesu Christi am Kreuz als auf den einigen Grund unserer Seligkeit weisen?

Ja freilich: denn der heilige Geist **lehret** im Evangelio a), und **bestätiget** durch die heiligen Sacramente b), daß unsere ganze Seligkeit stehe in dem einigen Opfer Christi, für uns am Kreuz geschehen.

a) 1 Kor. 2, 2. Ich hielt nicht dafür, daß ich etwas wüßte unter euch außer Jesum Christum, und zwar den Gekreuzigten.
1 Kor. 3, 11.
b) Röm. 6, 3. Wisset ihr nicht, daß alle die wir in Jesum Christum getauft sind, die sind in seinen Tod getauft.
1 Kor. 11, 26. So oft ihr von diesem Brote esset und von diesem Kelch trinket, sollt ihr des HErrn Tod verkündigen bis daß Er kommt.

** **68. Frage.** Wie viel Sacramente hat Christus im neuen Testament eingesetzt?

Zwei: die heilige **Taufe** a) und das heilige **Abendmahl** b).
a) Matth. 28, 19. Marc. 16, 15. 16.
b) 1 Kor. 11, 23—25. Matth. 26, 26—28. Marc. 14, 22—25. Luc. 22, 19. 20.

Von der heiligen Taufe.

S. 26. * 69. Frage. Wie wirst du in der heiligen **Taufe** erinnert und versichert, daß das einige Opfer Christi am Kreuz **dir** zu gut komme?

Also: daß Christus dies äußerliche Wasserbad eingesetzt a), und dabei verheißen hat b), daß ich **so gewiß** mit seinem Blut und Geist von der Unreinigkeit meiner **Seele**, das ist, von allen meinen Sünden, gewaschen sei, so gewiß ich äußerlich mit dem Wasser, welches die Unsauberkeit des **Leibes** pflegt hinwegzunehmen, gewaschen bin c).

a) Matth. 28, 19.
b) Marc. 16, 16.
c) Apostelg. 2, 38. Petrus sprach zu ihnen: Thut Buße und lasse sich ein jeglicher taufen in den Namen Jesu Christi zur Vergebung eurer Sünden, so werdet ihr empfangen die Gabe des heiligen Geistes. Tit. 3, 5. Nicht um der Werke willen der Gerechtigkeit, die wir gethan hatten, sondern nach seiner Barmherzigkeit machte Er uns selig durch das Bad der Wiedergeburt und Erneuerung des heiligen Geistes.
Matth. 3, 11. 1 Petr. 3, 21.

70. Frage. Was heißt: mit dem Blut und Geist Christi gewaschen sein?

Es heißt: Vergebung der Sünden von Gott aus Gnaden haben, um des Blutes Christi willen, welches Er in seinem Opfer am Kreuz für uns vergossen hat a); danach auch durch den heiligen Geist erneuert, und zu einem Glied Christi geheiliget sein, daß wir je länger je mehr der Sünde absterben, und in einem gottseligen, unsträflichen Leben wandeln b).

a) Offenb. 1, 5. Christus hat uns geliebet und gewaschen von den Sünden mit seinem Blut.
Hes. 36, 25—27.

b) Eph. 4, 22—24. So leget nun von euch ab nach dem vorigen Wandel den alten Menschen, der durch Lüste in Irrthum sich verderbet; **erneuert euch aber im Geist eures Gemüthes**, und ziehet den neuen Menschen an, der nach Gott geschaffen ist in wahrhafter Gerechtigkeit und Heiligkeit.
Kol. 2, 11. 12.

** 71. Frage. Wo hat Christus verheißen, daß wir so gewiß mit seinem Blut und Geist, als mit dem Taufwasser gewaschen sind?

In der Einsetzung der Taufe, welche also lautet: Gehet hin, und lehret alle Völker und taufet sie im Namen des Vaters und des Sohnes und des heiligen Geistes. Wer da glaubet und getauft wird, der wird selig werden, wer aber nicht glaubet, der wird verdammet werden a).

Diese Verheißung wird auch wiederholet, da die Schrift die Taufe das Bad der Wiedergeburt b) und die Abwaschung der Sünden c) nennt.

a) Matth. 28, 19. Gehet hin und machet zu Jüngern alle Völker, indem ihr sie taufet auf (in) den Namen des Vaters und des Sohnes und des heiligen Geistes, und sie lehret halten alles was ich euch geboten habe.
Marc. 16, 15. 16. Gehet hin in alle Welt und prediget das Evangelium aller Kreatur; wer da glaubet und getauft wird, der wird selig werden, wer aber nicht glaubet, wird verdammet werden.
b) Tit. 3, 5. Nach seiner Barmherzigkeit machte Er uns selig durch das **Bad der Wiedergeburt** und Erneuerung des heiligen Geistes.
c) Apostelg. 22, 16. Steh auf und laß dich taufen und **abwaschen deine Sünden**, und rufe an den Namen des HErrn.

72. Frage. Ist denn das äußerliche Wasserbad die Abwaschung der Sünden selbst? S. 27.

Nein a): denn allein das Blut Jesu Christi und der heilige Geist reiniget uns von allen Sünden b).

a) **Matth. 3, 11.** Ich taufe euch mit Wasser zur Buße; der aber nach mir kommt, ist stärker denn ich, dem ich auch nicht genugsam bin die Schuhe zu tragen; der wird euch mit dem heiligen Geist und mit Feuer taufen.
    1 Petr. 3, 21.
b) **1 Kor. 6, 11.** Ihr seid abgewaschen, ihr seid geheiliget, ihr seid gerecht worden durch den Namen des HErrn Jesu und durch den Geist unsers Gottes.
    1 Joh. 1, 7; 5, 6.

73. Frage. Warum nennt denn der heilige Geist die Taufe das Bad der Wiedergeburt und die Abwaschung der Sünden?

Gott redet also nicht ohne große Ursache; nämlich: nicht allein, daß Er uns damit will lehren, daß gleichwie die Unsauberkeit des Leibes durchs Wasser, also unsere Sünden durchs Blut und Geist Christi hinweggenommen werden a); sondern vielmehr, daß Er uns durch dies göttliche Pfand und Wahrzeichen will versichern, daß wir so wahrhaftig von unsern Sünden geistlich gewaschen sind, als wir mit dem leiblichen Wasser gewaschen werden b).

a) **Offenb. 1, 5.** Christus hat uns geliebet und gewaschen von den Sünden mit seinem Blut.
    Jes. 4, 4. 1 Kor. 6, 11.
b) **Gal. 3, 27.** Wie viele euer in Christum getauft sind, die haben Christum angezogen.
    Offenb. 7, 14.

74. Frage. Soll man auch die jungen Kinder taufen?

Ja: denn dieweil sie so wohl als die Alten in den Bund Gottes und seine Gemeine gehören a), und ihnen in dem Blut Christi die Erlösung von Sünden und der heilige Geist, welcher den Glauben wirket b), nicht weniger denn den Alten zugesagt wird c), so sollen sie auch durch die Taufe, als des Bundes Zeichen, der christlichen Kirche einverleibet

und von der Ungläubigen Kinder unterschieden wer=
den, wie im alten Testament durch die Beschnei=
bung geschehen ist d), an welcher Statt im neuen
Testament die Taufe ist eingesetzt e).
  a) 1 Mos. 17, 7. Ich will aufrichten meinen Bund zwi=
    schen mir und dir, und deinem Samen nach dir,
    auf ihre Geschlechter, zum ewigen Bunde, daß ich
    dein Gott sei und deines Samens nach dir.
    1 Kor. 7, 14. Der ungläubige Mann ist geheiligt
    durch das Weib, und das ungläubige Weib wird ge=
    heiliget durch den Mann, sonst wären eure Kinder
    unrein, nun aber sind sie heilig.
  b) Matth. 19, 14. Jesus sprach: Lasset die Kindlein,
    und wehret ihnen nicht zu mir zu kommen, denn solcher
    ist das Himmelreich.
  c) Apostelg. 2, 39. Euer und eurer Kinder ist die
    Verheißung, und aller derer, die ferne sind, welche der
    HErr unser Gott herzurufen wird.
    Ps. 22, 11.
  d) 1 Mos. 17, 14.
  e) Kol. 2, 11. 12. In Christo seid ihr beschnitten mit
    einer Beschneidung ohne Hände, durch die Ablegung des
    sündlichen Leibes im Fleisch, nämlich mit der Beschnei=
    bung Christi, indem ihr mit ihm begraben seid durch
    die Taufe, in welchem ihr auch seid auferstanden durch
    den Glauben, den Gott wirket.

Vom heiligen Abendmahl Jesu Christi.

*75. Frage. Wie wirst du im heiligen **Abendmahl** S. 28.
erinnert und versichert, daß **Du** an dem einigen Opfer
Christi am Kreuz und allen seinen Gütern Gemeinschaft
habest?

Also: daß Christus mir und allen **Gläubigen**
von seinem gebrochenen Brot zu essen und von die=
sem [...] befohlen hat, zu seinem Ge=
[...] a), und dabei verheißen: erstlich, daß

sein Leib **so gewiß** für **mich** am Kreuz geopfert und gebrochen, und sein Blut für **mich** vergossen sei, so gewiß ich mit Augen sehe, daß das Brot des HErrn **mir** gebrochen und der Kelch des HErrn **mir** mitgetheilet wird. Und zum andern, daß Er selbst meine **Seele** mit seinem gekreuzigten **Leib** und vergossenen **Blut so gewiß** zum ewigen Leben speise und tränke, als ich aus der Hand des Dieners empfange und **leiblich** genieße das **Brot** und den **Kelch** des HErrn, welche mir als gewisse **Wahrzeichen** des Leibes und Blutes Christi gegeben werden b).

a) 1 Kor. 11, 24. 25. Solches thut zu meinem Gedächtniß.
b) Matth. 26, 26—28. Marc. 14, 22—24. Luc. 22, 19. 20. 1 Kor. 11, 23—25; 11, 16. 17; 12, 13.

76. Frage. Was heißt: den gekreuzigten Leib Christi essen und sein vergossen Blut trinken?

Es heißt: nicht allein mit gläubigem Herzen das ganze Leiden und Sterben Christi annehmen und dadurch Vergebung der Sünden und ewiges Leben bekommen a); sondern auch daneben durch den heiligen Geist, der zugleich in Christo und in uns wohnet b), also mit seinem gebenedeiten Leib je mehr und mehr **vereiniget** werden c), daß wir, obgleich Er im Himmel d) und wir auf Erden sind, dennoch **Fleisch von seinem Fleisch und Bein von seinen Beinen** sind e), und von **einem** Geist (wie die Glieder unsers Leibes von einer Seele) ewig leben und regieret werden f).

a) Joh. 6, 48—51. Ich bin das Brot des Lebens. Eure Väter haben Manna gegessen in der Wüste und sind gestorben. Dies ist das Brot, das vom Himmel kommt, auf daß wer davon isset, nicht sterbe. Ich bin das lebendige Brot, vom Himmel gekommen. Wer von diesem Brot essen wird, der wird leben in Ewigkeit. Und

das Brot, das ich geben werde, ist mein Fleisch, (welches ich geben werde) für das Leben der Welt.
Joh. 6, 53. 54. Jesus sprach zu ihnen: Wahrlich, wahrlich ich sage euch: Werdet ihr nicht essen das Fleisch des Menschensohnes und trinken sein Blut, so habt ihr kein Leben in euch. Wer mein Fleisch isset und trinket mein Blut, der hat das ewige Leben und ich werde ihn auferwecken am jüngsten Tage.
Joh. 6, 35. 40.
b) 1 Kor. 12, 13. Wir sind alle zu Einem Geiste getränket.
c) Joh. 6, 55. 56. Mein Fleisch ist die rechte Speise und mein Blut ist der rechte Trank. Wer mein Fleisch isset und trinket mein Blut, der bleibet in mir und Ich in ihm.
1 Kor. 10, 16. Der Kelch der Danksagung, damit wir danksagen, ist der nicht die Gemeinschaft des Blutes Christi? Das Brot, das wir brechen, ist das nicht die Gemeinschaft des Leibes Christi?
d) Kol. 3, 1. Seid ihr nun mit Christo auferstanden, so suchet was droben ist, da Christus ist, sitzend zu der Rechten Gottes.
1 Kor. 11, 25. So oft ihr von diesem Brot esset und von diesem Kelch trinket, sollt ihr des HErrn Tod verkündigen, bis daß Er kommt.
Apostelg. 1, 9; 3, 21.
e) Eph. 5, 30. Wir sind Glieder seines Leibes, von seinem Fleisch und von seinem Gebein.
1 Kor. 6, 15. 17. 19. 1 Joh. 4, 13.
f) Joh. 6, 57. Sowie mich gesandt hat der lebendige Vater, und ich lebe um des Vaters willen, also wer mich isset, derselbe wird auch leben um meinetwillen.
Joh. 15, 1—6. Eph. 4, 15. 16.

** 77. Frage. Wo hat Christus verheißen, daß Er die Gläubigen so gewiß mit seinem Leib und Blut speise und tränke, als sie von diesem gebrochenen Brot essen und von diesem Kelch trinken?

In der Einsetzung des Abendmahls, welche also HErr Jesus in der Nacht, da Er verrathen ward, nahm Er das Brot, dankete und brachs und gabs ihnen und sprach: „Nehmet, esset, das ist mein Leib, der für euch gebrochen wird; solches thut zu meinem Gedächtniß."

Desselbigen gleichen auch den Kelch nach dem Abendmahl und sprach: „Dieser Kelch ist das neue Testament in meinem Blut; solches thut, so oft ihrs trinket, zu meinem Gedächtniß."

Denn so oft ihr von diesem Brot esset und von diesem Kelch trinket, sollt ihr des HErrn Tod verkündigen, bis daß Er kommt a).

Und diese Verheißung wird auch wiederholet durch St. Paulum, da er spricht:

Der Kelch der Danksagung, damit wir danksagen, ist der nicht die **Gemeinschaft** des Blutes Christi? Das Brot, das wir brechen, ist das nicht die **Gemeinschaft** des Leibes Christi? Denn ein Brot ist es, so sind wir viele **ein** Leib, dieweil wir alle **eines** Brotes theilhaftig sind b).

a) 1 Kor. 11, 23 – 26.
b) 1 Kor. 10, 16. 17.

§. 29. 78. Frage. Wird denn aus Brot und Wein der **wesentliche** Leib und Blut Christi?

Nein a): sondern wie das Wasser in der Taufe nicht in das Blut Christi **verwandelt** oder die Abwaschung der Sünden selbst wird, deren es allein ein göttliches Wahrzeichen und Versicherung ist b); also wird auch das heilige Brot im Abendmahl nicht der Leib Christi **selbst** c), wiewohl es nach Art und Brauch der Sacramente d), der Leib Christi genannt wird.

a) Matth. 26, 29. Ich sage euch: Ich werde von nun an nicht mehr von diesem Gewächs des Weinstocks trinken, bis an den Tag, da ich es neu trinken werde mit euch in meines Vaters Reich.
b) Apostelg. 22, 16. Eph. 5, 26.

c) 1 Kor. 11, 26 – 28. So oft ihr von diesem Brot esset und von diesem Kelch trinket, sollt ihr des HErrn Tod verkündigen, bis daß Er kommt. Welcher nun unwürdig das Brot des HErrn isset oder seinen Kelch trinket, der ist schuldig an dem Leib und Blut des HErrn. Der Mensch prüfe sich selbst, und also esse er von dem Brot und trinke von dem Kelch.

d) 1 Mos. 17, 10. 11. 2 Mos. 12, 11. 13. 26. 27.

79. **Frage.** Warum nennet denn Christus das Brot seinen Leib, und den Kelch sein Blut oder das neue Testament in seinem Blut, und St. Paulus die Gemeinschaft des Leibes und Blutes Jesu Christi?

Christus redet also nicht ohne große Ursach: nämlich, daß Er uns nicht allein damit will **lehren,** daß gleichwie Brot und Wein das zeitliche Leben erhalten, also sei auch sein gekreuzigter Leib und sein vergossen Blut die **wahre Speis** und **Trank** unserer Seelen zum ewigen Leben a); sondern vielmehr, daß Er uns durch dies sichtbare Zeichen und Pfand will **versichern,** daß wir so **wahrhaftig** seines wahren Leibes und Blutes durch Wirkung des heiligen Geistes **theilhaftig** werden b), als wir diese heiligen Wahrzeichen mit dem leiblichen Mund zu seinem Gedächtniß empfangen, und daß all sein Leiden und Gehorsam so gewiß **unser eigen** sei, als hätten wir selbst in unserer eigenen Person alles gelitten und genug gethan.

a) Joh. 6, 55. 56 Mein Fleisch ist die wahre Speise und mein Blut ist der wahre Trank. Wer mein Fleisch isset und trinket mein Blut, der bleibet in mir und Ich in ihm.

b) 1 Kor. 10, 16. Der Kelch der Danksagung, damit wir danksagen, ist der nicht die Gemeinschaft des Blutes Christi? Das Brot, das wir brechen, ist das nicht die Gemeinschaft des Leibes Christi?

§. 30. 80. **Frage.** Was ist für ein Unterschied zwischen dem Abendmahl des HErrn und der Päpstlichen Messe?

Das Abendmahl bezeuget uns, daß wir **vollkommene** Vergebung all unserer Sünden haben, durch das **einige** Opfer Jesu Christi, so **Er** selbst **einmal** am Kreuz vollbracht hat a), und daß wir durch den heiligen Geist Christo werden eingeleibet, der jetzund mit seinem wahren Leib im Himmel zur Rechten des Vaters ist und daselbst will angebetet werden b). Die **Messe** aber lehret, daß die Lebendigen und die Todten nicht durch das Leiden Christi Vergebung der Sünden haben, es sei denn, daß Christus **noch täglich** für sie von den Meßpriestern geopfert werde, und daß Christus **leiblich** unter der Gestalt Brotes und Weines sei und derhalben darinnen soll **angebetet** werden. Und ist also die Messe im Grund nichts anders, denn eine Verleugnung des **einigen** Opfers Jesu Christi und eine vermaledeite Abgötterei c).

a) Hebr. 10, 10. 12. 14 Nach dem Willen Gottes sind wir einmal geheiliget durch das Opfer des Leibes Jesu Christi. Dieser, da Er hat Ein Opfer für die Sünde geopfert, das ewiglich gilt, sitzet zur Rechten Gottes. Denn mit Einem Opfer hat Er auf ewig vollendet die geheiligt werden.
Joh. 19, 30. 1 Kor. 5, 7. Hebr. 9, 12. u. 25—28.
b) Hebr. 8, 1. Wir haben einen solchen Hohenpriester, der da sitzet zu der Rechten auf dem Thron der Majestät in den Himmeln.
Joh. 4, 23. Apostelg. 7, 55. Kol. 3, 1.
c) Matth. 4, 10.

* 81. Frage. Welche sollen zum Tisch des HErrn kommen?

Die ihnen selbst um ihrer Sünden willen **mißfallen** und doch **vertrauen**, daß dieselben ihnen verziehen und die übrige Schwachheit mit dem Leiben und Sterben Christi bedecket sei; **begehren** auch je mehr und mehr ihren Glauben zu stärken und ihr Leben zu beffern. Die Unbußfertigen aber und Heuchler effen und trinken ihnen felbft das Gericht.

1 Kor. 11, 28. 29. Der Menfch prüfe fich felbft, und alfo effe er von dem Brot und trinke von dem Kelch. Denn welcher unwürdig iffet und trinket, der iffet und trinket fich felber das Gericht, damit daß er nicht unter= fcheidet den Leib des HErrn.

1 Kor. 10, 19—22.

82. Frage. Sollen aber zu diefem Abendmahl auch zugelaffen werden, die fich mit ihrem Bekenntniß und Leben als Ungläubige und Gottlofe erzeigen?

Nein a): denn es wird alfo der Bund Gottes gefchmähet und fein Zorn über die ganze Gemeine gereizet b). Derhalben die chriftliche Kirche fchuldig ift, nach der Ordnung Chrifti und feiner Apoftel, folche, bis zur Befferung ihres Lebens, durch das Amt der Schlüffel **auszufchließen**.

a) Matth. 7, 6. Ihr follt das heilige nicht den Hunden geben und eure Perlen follt ihr nicht vor die Säue werfen.

b) 1 Kor. 11, 30. 32. Darum find auch viele Kranke und Schwache unter euch und ein gut Theil fchlafen. Denn fo wir uns felber richten, fo werden wir nicht gerichtet. Wenn wir aber von dem HErrn gerich= tet werden, fo werden wir gezüchtiget, auf daß wir nicht famt der Welt verdammet werden.

Pf. 50, 16. 17.

* 83. Frage. Was ift das Amt der Schlüffel? S. 31.

Die **Predigt** des heiligen Evangeliums und die chriftliche **Bußzucht**, durch welche beide Stücke das Himmelreich den Gläubigen **aufgefchloffen** und den Ungläubigen **zugefchloffen** wird.

Matth. 16, 19. Matth. 18, 18. Joh. 20, 23.

84. Frage. Wie wird das Himmelreich durch die **Predigt** des heiligen Evangeliums auf- und zugeschlossen?

Also: daß nach dem Befehl Christi allen und jeden **Gläubigen** verkündiget und öffentlich bezeuget wird, daß ihnen, so oft sie die Verheißung des Evangeliums mit wahrem Glauben annehmen, wahrhaftig alle ihre Sünden von Gott, um des Verdienstes Christi willen, vergeben sind a); und hinwiederum allen **Ungläubigen** und **Heuchlern**, daß der Zorn Gottes und die ewige Verdammniß auf ihnen liegt, so lang sie sich nicht bekehren b). Nach welchem Zeugniß des Evangelii Gott beide in diesem und im zukünftigen Leben urtheilen will.

a) Joh. 20, 21—23.
b) Apostelg. 8, 21. 22.

85. Frage. Wie wird das Himmelreich zu- und aufgeschlossen durch die christliche **Bußzucht**?

Also: daß nach dem Befehl Christi diejenigen, so unter dem christlichen Namen **unchristliche Lehre** oder **Wandel** führen, nachdem sie etliche mal brüderlich vermahnet sind, und von ihren Irrthümern oder Lastern nicht abstehen, der Kirche, oder denen, so von der Kirche dazu verordnet sind, angezeigt, und so sie sich an derselben Vermahnung auch nicht kehren, von ihnen durch Verbietung der heiligen Sacramente aus der christlichen Gemeine, und von Gott selbst aus dem Reich Christi werden **ausgeschlossen;** und wieder als Glieder Christi und der Kirche **angenommen,** wenn sie **wahre Besserung** verheißen und bezeugen.

Matth. 18, 15—17. 1 Kor. 5, 1—13. 2 Thess. 3, 6—14. Tit. 3, 10. 2 Joh. V. 10 u. 11. 2 Kor. 2, 6—8.

Der dritte Theil.

Von der Dankbarkeit.

* 86. Frage. Dieweil wir denn aus unserm Elend, S. 39. ohne all unser Verdienst, aus Gnaden durch Christum erlöset sind, warum sollen wir gute Werke thun?

Darum, daß Christus, nachdem Er uns mit seinem Blut erkauft hat, uns auch durch seinen heiligen Geist erneuert zu seinem Ebenbild, daß wir mit unserm ganzen Leben uns dankbar gegen Gott für seine Wohlthaten erzeigen a), und Er durch uns gepriesen werde b). Danach auch, daß wir bei uns selbst unsers Glaubens aus seinen Früchten gewiß seien c), und mit unserm gottseligen Wandel unsern Nächsten auch Christo gewinnen d).

a) 1 Kor. 6, 20. Ihr seid theuer erkauft. Darum preiset Gott an euerm Leibe.
1 Petr. 2, 9. 10. Tit. 2, 14.

b) Matth. 5, 16. Lasset euer Licht leuchten vor den Leuten, daß sie eure guten Werke sehen, und euern Vater im Himmel preisen.
1 Petr. 2, 11. 12.

c) 2 Petr. 1, 10. Thut desto mehr Fleiß, euern Beruf und Erwählung fest zu machen; denn wo ihr solches thut, werdet ihr nicht straucheln.
Matth. 7, 17. 18. Ein jeglicher guter Baum bringet gute Früchte, aber ein fauler Baum bringet arge Früchte. Ein guter Baum kann nicht arge Früchte bringen, und ein fauler Baum kann nicht gute Früchte bringen.

d) 1 Petr. 3, 1. 2. Die Weiber sollen ihren Männern unterthan sein, auf daß auch die, so nicht glauben an das Wort, durch der Weiber Wandel ohne Wort gewonnen werden.
Röm. 14, 19.

87. Frage. Können benn die nicht selig werden, die sich von ihrem undankbaren, unbußfertigen Wandel zu Gott nicht bekehren?

Keineswegs: denn (wie die Schrift sagt) kein Unkeuscher, Abgöttischer, Ehebrecher, Dieb, Geiziger, Trunkenbold, Lästerer, Räuber und dergleichen wird das Reich Gottes ererben.

1 Kor. 6, 9. 10. Eph. 5, 5. 6. 1 Joh. 3, 14. 15. Offenb. 21. 8; 22, 15.

S. 33. 88. Frage. In wie viel Stücken bestehet die wahrhaftige Buße oder Bekehrung des Menschen?

In zwei Stücken: in **Absterbung** des alten und **Auferstehung** des neuen Menschen.

Apostelg. 3, 19. Thut Buße und bekehret euch, daß eure Sünden vertilget werden.
Eph. 4, 22. 24. Röm. 6, 4—6. Kol. 3, 9. 10.

89. Frage. Was ist die **Absterbung** des alten Menschen?

Ihm die Sünde von Herzen lassen leid sein, und dieselbe je länger je mehr hassen und fliehen.

2 Kor. 7, 10. Die göttliche Traurigkeit wirket zur Seligkeit eine Reue, die niemand gereuet; die Traurigkeit der Welt aber wirket den Tod.
Röm. 8, 13. Wo ihr nach dem Fleisch lebet, so werdet ihr sterben müssen; wo ihr aber durch den Geist des Fleisches Geschäfte tödtet, so werdet ihr leben.
Joel 2, 13. Ps. 51, 6. 2 Tim. 2, 19.

90. Frage. Was ist die **Auferstehung** des neuen Menschen?

Herzliche Freude in Gott durch Christum a), und Lust und Liebe haben, nach dem Willen Gottes in allen guten Werken zu leben b).

a) Röm. 5, 1. Nun wir denn sind gerecht worden durch

den Glauben, so haben wir Friede mit Gott durch unsern HErrn Jesum Christum.

Röm. 14, 17. Das Reich Gottes ist nicht Essen und Trinken, sondern Gerechtigkeit und Friede und Freude in dem heiligen Geist.

Jes. 61, 10.

b) Gal. 2, 19. 20. Ich bin durchs Gesetz dem Gesetz gestorben, auf daß ich Gott lebe; ich bin mit Christo gekreuziget. Ich lebe aber, doch nun nicht ich, sondern Christus lebet in mir. Denn was ich jetzt lebe im Fleisch, das lebe ich in dem Glauben des Sohnes Gottes, der mich geliebet hat und sich selbst für mich dargegeben.

Röm. 7, 22. Ich habe Lust an Gottes Gesetz nach dem inwendigen Menschen.

Phil. 4, 13.

* 91. Frage. Welches sind aber gute Werke?

Allein die aus **wahrem Glauben** a), nach dem **Gesetz** Gottes b), **Ihm zu Ehren** geschehen c), und nicht die auf unser Gutdünken oder Menschensatzungen gegründet sind d).

a) Röm. 14, 23. Alles was nicht aus dem Glauben gehet, das ist Sünde.

Eph. 2, 10.

b) 5 Mos. 12, 32 Alles das Wort, das Ich euch gebiete, das sollt ihr halten, daß ihr banach thut. Du sollst nichts dazu thun, noch davon thun.

1 Sam. 15, 22. Meinest du, daß der HErr mehr Lust habe an Opfern und Brandopfern, als am Gehorsam der Stimme des HErrn? Siehe Gehorsam ist besser denn Opfer, und Aufmerken besser denn das Fett von Widdern.

c) 1 Kor. 10, 31. Ihr esset nun oder trinket oder was ihr thut, so thut alles zu Gottes Ehre.

d) Matth. 15, 7—9. Ihr Heuchler, es hat Jesajas gar wohl von euch geweissaget und gesprochen: Dies Volk nahet sich zu mir mit seinem Munde, und ehret mich mit seinen Lippen, aber ihr Herz ist ferne von mir. Aber vergeblich dienen sie mir, dieweil sie lehren solche Lehren, die nichts denn Menschenge-

** 92. Frage. Wie lautet das Gesetz des HErrn?

Gott redet alle diese Worte a):

Das erste Gebot.

Ich bin der HErr dein Gott, der Ich dich aus Egyptenland, aus dem Dienſthaus geführet habe: du sollst keine andere Götter neben Mir haben.

Das andere Gebot.

Du sollst dir kein Bildniß noch irgend ein Gleichniß machen, weder deß, das oben im Himmel, noch deß, das unten auf Erden, oder deß, das im Waſſer unter der Erde ist; du sollst sie nicht anbeten noch ihnen dienen. Denn Ich, der HErr dein Gott, bin ein starker, eifriger Gott, der die Miſſethat der Väter heimsucht an den Kindern bis ins dritte und vierte Glied deren, die mich haſſen, und thue Barmherzigkeit an viel Tauſenden, die mich lieben und meine Gebote halten.

Das dritte Gebot.

Du sollst den Namen des HErrn deines Gottes nicht mißbrauchen; denn der HErr wird den nicht ungestraft laſſen, der seinen Namen mißbraucht.

Das vierte Gebot.

Gedenke des Sabbathtages, daß du ihn heiligeſt. Sechs Tage sollst du arbeiten und alle deine Werke thun; aber am siebenten Tage ist der Sabbath des HErrn deines Gottes; da sollst du keine Arbeit thun, noch dein Sohn, noch deine Tochter, noch dein Knecht, noch deine Magd, noch dein Vieh, noch dein Frembling, der in deinen Thoren ist. Denn in sechs Tagen hat der HErr Himmel und Erde gemacht und das Meer und alles was darinnen ist, und ruhete am siebenten Tag. Darum ſegnete der HErr den Sabbathtag und heiligte ihn.

Das fünfte Gebot.

Du sollst deinen Vater und deine Mutter ehren, auf daß du lange lebest im Lande, das dir der HErr dein Gott gibt.

Das sechste Gebot.

Du sollst nicht tödten.

Das siebente Gebot.

Du sollst nicht ehebrechen.

Das achte Gebot.

Du sollst nicht stehlen.

Das neunte Gebot.

Du sollst kein falsch Zeugniß reden wider deinen Nächsten.

Das zehnte Gebot.

Laß dich nicht gelüsten deines Nächsten Hauses; laß dich nicht gelüsten deines Nächsten Weibes, noch seines Knechtes, noch seiner Magd, noch seines Ochsen, noch seines Esels, noch alles was dein Nächster hat.

a) 2 Mos. 20, 1—17. 5 Mos. 5, 6—21.

* 93. Frage. Wie werden diese Gebote abgetheilt? S. 34.

In zwei Tafeln a): deren die erste in vier Geboten lehret, wie wir uns gegen **Gott** sollen halten; die andere in sechs Geboten, was wir unserm Nächsten schuldig sind b).

a) 5 Mos. 4, 13. Der HErr verkündigte euch seinen Bund, das er euch gebot zu thun, die zehn Worte; und schrieb sie auf zwei steinerne Tafeln.

 28. 5 Mos. 10, 3. 4.

b) Matth. 22, 39. Jesus sprach zu ihm: Du sollst lieben Gott von ganzem Herzen, von ganzer Seele und von ganzem Gemüthe. Das an-

dere aber ist dem gleich: Du sollst lieben deinen Nächsten als dich selbst.
5 Mos. 6, 5; 11, 13. — 3 Mos. 19, 18. 34.

* 94. Frage. Was erfordert der HErr im ersten Gebot?

Daß ich bei Verlierung meiner Seelen Heil und Seligkeit alle Abgötterei a), Zauberei, abergläubische Segen b), Anrufung der Heiligen oder anderer Kreaturen c) meiden und fliehen soll; und den einigen wahren Gott recht **erkennen** d), ihm allein **vertrauen** e), in aller Demuth f) und Gedult g), von ihm allein alles Gute gewarten h) und ihn von ganzem Herzen **lieben** i), **fürchten und ehren** k): also daß ich eher alle Kreaturen übergebe, denn in dem geringsten wider seinen Willen thue l).

a) 1 Joh. 5, 21. Kindlein, hütet euch vor den Abgöttern.
   1 Kor. 10, 14. 17. Matth. 4, 10.
b) 3 Mos. 19, 31. Ihr sollt euch nicht wenden zu den Wahrsagern und forschet nicht von den Zeichendeutern, daß ihr nicht an ihnen verunreiniget werdet; denn Ich bin der HErr, euer Gott.
   5 Mos. 18, 9—12.
c) Matth. 4, 10. Da sprach Jesus zu ihm: Hebe dich weg von mir, Satan; denn es stehet geschrieben: Du sollst anbeten den HErrn deinen Gott, und Ihm allein dienen.
   Offenb. 19, 10; 22, 8. 9. Apostelg. 14, 15.
d) Joh. 17, 3. Das ist das ewige Leben, daß sie dich, der du allein wahrer Gott bist, und den du gesandt hast, Jesum Christum erkennen.
   Jer. 9, 24.
e) Jerem. 17, 5. 7. So spricht der HErr: Verflucht ist der Mann, der sich auf Menschen verlässet, und hält Fleisch für seinen Arm, und mit seinem Herzen vom HErrn weichet. Gesegnet aber ist der Mann, der sich auf den HErrn verlässet, und deß der HErr seine Zuversicht ist.

Hebr. 10, 35.
f) 1 Petr. 5, 5. 6. Gott widerstehet den Hoffärtigen, aber den Demüthigen gibt Er Gnade. So **demüthiget euch nun unter die gewaltige Hand Gottes**, daß Er euch erhöbe zu seiner Zeit.
g) Hebr. 10, 36. Gebuld ist euch noth, auf daß ihr den Willen Gottes thut und die Verheißung empfanget.
Röm. 5, 3. 4. 1 Kor. 10, 10.
h) Psalm 104, 27. **Es wartet alles auf dich, daß du ihnen Speise gebest zu seiner Zeit.**
Jak. 1, 17. Jes. 45, 7.
i) Matth. 22, 37. **Du sollst lieben den HErrn deinen Gott von ganzem Herzen und von ganzer Seele und von ganzem Gemüthe.**
k) Matth. 10, 28. **Fürchtet euch nicht vor denen, die den Leib tödten, die Seele aber nicht vermögen zu tödten; fürchtet euch vielmehr vor dem, der Leib und Seele zu verderben vermag in der Hölle.**
Ps. 111, 10.
l) Matth. 5, 29. Aergert dich dein rechtes Auge, so reiß es aus und wirf es von dir; denn es ist dir besser, daß eines deiner Glieder verderbe, und nicht der ganze Leib in die Hölle geworfen werde.
Matth. 10, 37. Wer Vater oder Mutter mehr liebt denn mich, der ist meiner nicht werth; und wer Sohn oder Tochter mehr liebt denn mich, der ist meiner nicht werth.
Apostelg. 5, 29. Petrus antwortete, und die Apostel, und sprachen: Man muß Gott mehr gehorchen als den Menschen.

95. Frage. Was ist Abgötterei?

Anstatt des einigen wahren Gottes, der sich in seinem Wort hat geoffenbaret, oder neben demselben etwas anderes dichten oder haben, darauf der Mensch

Phil. 3, 19. Gal. 4, 8. Eph. 2, 12.
1 Joh. 2, 23. Wer den Sohn leugnet, der hat auch den Vater nicht.
2 Joh. V. 9 Joh. 5, 21.

S. 25. * 96. Frage. Was will Gott im andern Gebot?

Daß wir Gott in keinem Wege verbilden a), noch auf irgend eine andere Weise, denn Er in seinem Wort befohlen hat, verehren sollen b).

a) Jes. 40, 18. Wem wollt ihr denn Gott nachbilden? Oder was für ein Gleichniß wollt ihr ihm zurichten?
Röm. 1, 23—25.
b) Joh. 4, 24. Gott ist ein Geist und die ihn anbeten, die müssen ihn im Geist und in der Wahrheit anbeten.
1 Sam. 15, 23.

97. Frage. Soll man denn gar kein Bildniß machen?

Gott kann und soll keineswegs abgebildet werden a); die **Kreaturen** aber, ob sie schon mögen abgebildet werden b), so verbeut doch Gott, derselben Bildniß zu machen c) und zu haben d), daß man sie verehre oder ihm damit diene e).

a) Jes. 46, 5.
b) 2 Mos. 35, 30—35.
c) 5 Mos. 27, 15.
d) 2 Kön. 18, 3. 4.
e) Psalm 97, 7. Schämen müssen sich alle die den Bildern dienen und sich der Götzen rühmen.
3 Mos. 26, 1.

98. Frage. Mögen aber nicht die Bilder als der Laien Bücher in der Kirche geduldet werden?

Nein: denn wir nicht sollen weiser sein als Gott, welcher seine Christenheit nicht durch stumme Götzen a), sondern durch die lebendige Predigt seines Wortes will unterwiesen haben b).

a) Hebr. 2, 18—20.

b) Röm. 10, 17. Der Glaube kommt aus der Predigt, das Predigen aber durch das Wort Gottes.
2 Petr. 1, 19. Luc. 16, 29.

* 99. Frage. Was will das dritte Gebot? §. 36.

Daß wir nicht allein mit **Fluchen** a), oder mit **falschem Eid** b), sondern auch mit **unnöthigem Schwören** c) den Namen Gottes nicht lästern oder mißbrauchen; noch uns mit unserm Stillschweigen und Zusehen solcher schrecklichen Sünden theilhaftig machen d); und in Summa, daß wir den heiligen Namen Gottes anders nicht benn mit Furcht und **Ehrerbietung gebrauchen** e), auf daß Er von uns recht **bekennet** f), **angerufen** g), und in allen unsern Worten und Werken **gepriesen** werde h).

a) 3 Mos. 24, 15. 16. Sage den Kindern Israel: Welcher seinem Gott fluchet, der soll seine Sünde tragen. Welcher aber des HErrn Namen lästert, der soll des Todes sterben; die ganze Gemeine soll ihn steinigen.

b) 3 Mos. 19, 12. Ihr sollt nicht falsch schwören bei meinem Namen, und sollst nicht entheiligen den Namen deines Gottes; denn Ich bin der HErr.

c) Matth. 5, 34—37. Ich aber sage euch, daß ihr gar nicht schwören sollt; weder bei dem Himmel, denn er ist Gottes Stuhl; noch bei der Erde, denn sie ist seiner Füße Schemel; noch bei Jerusalem, denn sie ist des großen Königs Stadt. Auch sollst du nicht bei deinem Haupt schwören; denn du vermagst nicht ein einziges Haar weiß oder schwarz zu machen. Eure Rede aber sei: Ja, ja; nein, nein; was darüber ist, das ist vom Argen.
3 Mos. 5, 4. Jak. 5, 12.

d) 3 Mos. 5, 1. Wenn eine Seele sündigen würde, daß er einen Fluch höret, und Zeuge ist deß, das er gesehen oder erfahren hat, und sagets nicht an: der hat eine Missethat auf sich.

e) Mal. 4, 2. Euch, die ihr meinen Namen fürchtet, soll aufgehen die Sonne der Gerechtigkeit und Heil unter ihren Flügeln.

Jef. 45, 23.
f) Matth. 10, 32. Wer mich bekennet vor den Menschen, den will auch Ich bekennen vor meinem himmlischen Vater.
g) Psalm 50, 15. Rufe mich an in der Noth, so will ich dich erretten und du sollst mich preisen.
h) Kol. 3, 17. Alles was ihr thut, mit Worten oder mit Werken, das thut alles in dem Namen Jesu Christi, und danket Gott dem Vater durch ihn.

100. Frage. Ist denn, mit Schwören und Fluchen Gottes Namen lästern, so eine **schwere** Sünde, daß Gott auch über die zürne, die soviel an ihnen ist, dieselbe nicht helfen wehren noch **verbieten**?

Ja freilich: denn keine Sünde größer ist, noch Gott heftiger erzürnet, denn Lästerung seines Namens; darum Er sie auch mit dem Tode zu strafen befohlen hat.

3 Mof. 24, 16. Welcher des HErrn Namen lästert, der soll des Todes sterben, die ganze Gemeine soll ihn steinigen. Wie der Frembling, so soll auch der Einheimische sein; wenn er den Namen lästert, so soll er sterben.

§. 37. 101. Frage. Mag man aber auch **gottselig** bei dem Namen Gottes einen Eid schwören?

Ja: wenn es die Obrigkeit von ihren Unterthanen, oder sonst die Noth erfordert, Treu und Wahrheit zu Gottes Ehre und des Nächsten Heil dadurch zu erhalten und zu förbern. Denn **solches** Eidschwören ist in Gottes Wort gegründet a) und derhalben von den Heiligen im alten und neuen Testament recht gebraucht worden b).

a) 5 Mof. 6, 13. Du sollst den HErrn deinen Gott fürchten und ihm dienen, und bei seinem Namen schwören.
5 Mof. 10, 20.
Hebr. 6, 16. Die Menschen schwören bei einem

Größeren; und der Eid macht ein Ende alles Haders unter ihnen, dabei es fest bleibet.
b) Jef. 45, 23. 1 Mof. 21, 24; 26, 31; 31, 54. 1 Sam. 24, 22. 23. Matth. 26, 63. 64. 2 Kor. 1, 23.

102. Frage. Mag man auch bei den Heiligen oder andern Kreaturen einen Eid schwören?

Nein: denn ein **rechtmäßiger Eid** ist eine Anrufung Gottes, daß Er, als der einige Herzenskündiger, der Wahrheit Zeugniß wolle geben und mich strafen, so ich falsch schwöre a), welche Ehre dann keiner Kreatur gebühret b).
a) 2 Kor. 1, 23. Röm. 9, 1.
b) Jak. 5, 12. Vor allen Dingen, meine Brüder, schwöret nicht, weder bei dem Himmel noch bei der Erde, noch mit einem andern Eide. Es sei aber euer Ja Ja und euer Nein Nein; auf daß ihr nicht in Heuchelei fallet.
Matth. 5, 34—36.

* 103. Frage. Was will Gott im vierten Gebot? S. 38.

Gott will erstlich: daß das Predigtamt und Schulen erhalten werden a), und ich, sonderlich am Feiertage b), zu der Gemeine Gottes fleißig komme c), das **Wort Gottes** zu lernen d), die **heiligen Sacramente** zu gebrauchen e), den HErrn öffentlich **anzurufen** f), und das christliche **Almosen** zu geben g). Zum andern: daß ich **alle** Tage meines Lebens von meinen bösen Werken feiere, den HErrn durch seinen Geist in mir wirken lasse, und also den ewigen Sabbath in diesem Leben anfange h).
a) Tit. 1, 5. Deßhalb ließ ich dich in Kreta, daß du das übrige solltest vollends einrichten, und in jeglicher Stadt Aelteste einsetzen, wie ich dir befohlen habe.
2 Tim. 3, 14. 15. 1 Kor. 9, 14. 2 Tim. 2, 2.
b) 1 Mof. 2, 2. 2 Mof. 16. 5 Mof. 5, 14. 15. — Marc. 16, 2 („am ersten Tage der Woche"). Apostelg. 20, 7. 1 Kor. 16, 2. Offenb. 1, 10. — Kol. 2 16—23.

c) Hebr. 10, 25. Lasset uns nicht verlassen unsere Versammlungen, wie etliche pflegen, sondern einander ermahnen, und das so viel mehr, als ihr sehet, daß der Tag nahet.
Apostelg. 1, 14; 2, 1. 42. 46.
d) Luc. 11, 28. Selig sind die Gottes Wort hören und bewahren.
1 Kor. 14, 19.
e) Apostelg. 20, 7. Auf den ersten Tag der Woche, da die Jünger zusammenkamen das Brot zu brechen, predigte ihnen Paulus.
1 Kor. 11, 33. Apostelg 2, 42.
f) 1 Tim. 2, 1. 2. So ermahne ich nun, daß man vor allen Dingen zuerst thue Bitte, Gebet, Fürbitte und Danksagung für alle Menschen, für die Könige und für alle Obrigkeit, auf daß wir ein ruhiges und stilles Leben führen mögen in aller Gottseligkeit und Ehrbarkeit.
Kol. 3, 16. Lasset das Wort Christi reichlich unter euch wohnen; in aller Weisheit lehret und ermahnet euch selbst mit Psalmen und Lobgesängen und geistlichen lieblichen Liedern, und singet dem HErrn in euern Herzen.
g) 1 Kor. 16, 2. Auf jeglichen ersten Tag der Woche lege bei sich selbst ein jeglicher unter euch, und sammle soviel er vermag, auf daß nicht, wenn ich komme, dann erst die Steuer zu sammeln sei.
h) Hebr. 4, 9. 10. Es ist noch eine Sabbathsruhe vorhanden dem Volke Gottes; denn wer zu seiner Ruhe eingegangen ist, der ruhet auch von seinen Werken gleichwie Gott von den seinen.

§. 39. * 104. Frage. Was will Gott im fünften Gebot?

Daß ich meinem Vater und Mutter und allen, die mir vorgesetzt sind, alle **Ehre, Liebe** und **Treue** beweisen, und mich aller guten Lehre und Strafe mit gebührlichem **Gehorsam** unterwerfen a), und auch mit ihren Gebrechen **Geduld** haben soll b); dieweil uns Gott durch ihre Hand regieren will c).

a) Eph. 6, 1—3. Ihr Kinder seid gehorsam euern

Eltern in dem HErrn; denn das ist billig. Ehre Vater und Mutter, das ist das erste Gebot, das Verheißung hat: auf daß dirs wohl gehe und du lange lebest auf Erden.

2 Mos. 21, 17. Wer Vater oder Mutter fluchet, der soll des Todes sterben.

Sprüche 20, 20.

Kol. 3, 18. 20. 22. Ihr Weiber, seid unterthan euern Männern, wie sichs gebühret in dem HErrn. Ihr Kinder, seid gehorsam den Eltern in allen Dingen; denn das ist dem HErrn gefällig. Ihr Knechte, seid gehorsam in allen Dingen den leiblichen Herren, nicht mit Dienst allein vor Augen als den Menschen zu gefallen, sondern mit Einfältigkeit des Herzens in der Furcht Gottes.

Hebr. 13, 17. Gehorchet euern Lehrern und folget ihnen; denn sie wachen über eure Seelen als die da Rechenschaft dafür geben sollen; auf daß sie das mit Freuden thun und nicht mit Seufzen, denn das ist euch nicht gut.

Röm. 13, 1. Jedermann sei unterthan der Obrigkeit, die Gewalt über ihn hat. Denn es ist keine Obrigkeit ohne von Gott; wo aber Obrigkeit ist, die ist von Gott verordnet.

Eph. 5, 6. 7.

b) 1 Petr. 2, 18. Ihr Knechte, seid unterthan mit aller Furcht den Herren, nicht allein den gütigen und gelinden, sondern auch den wunderlichen.

Sprüche 23, 22. 1 Mos. 9, 24. 25.

c) Eph. 6, 4. 9. Ihr Väter, reizet eure Kinder nicht zum Zorn, sondern ziehet sie auf in der Zucht und Vermahnung des HErrn. — Und ihr Herren, thut auch dasselbe (den Willen Gottes) gegen die Knechte, und lasset das Dräuen, und wisset, daß ihr und euer HErr im Himmel ist, und ist bei ihm kein Ansehen der Person.

Kol. 3, 20. Röm. 13, 1—3.

* 105. Frage. Was will Gott im sechsten Gebot? **S. 40.**

Daß ich meinen Nächsten weder mit Gedanken, noch mit Worten oder Geberden, viel weniger mit der That, durch mich selbst oder andere, schmähen, hassen, beleidigen oder tödten a), sondern alle Nach-

gierigkeit ablegen b), auch mich selbst nicht beschä=
bigen oder muthwillig in Gefahr geben soll c).
Darum auch die Obrigkeit dem Todtschlag zu weh=
ren das Schwert trägt d).

a) **Matth. 5, 21. 22.** Ihr habt gehört, daß den Alten
gesagt ist: Du sollst nicht tödten; wer aber tödtet, der
soll des Gerichts schuldig sein. Ich aber sage euch: Wer
seinem Bruder zürnet, der ist des Gerichts schuldig;
wer aber zu seinem Bruder sagt: Raka, der ist des
hohen Raths schuldig; wer aber sagt: du Narr, der ist
des höllischen Feuers schuldig.

b) **Röm. 12, 19.** Rächet euch selber nicht, Geliebte,
sondern gebet Raum dem Zorn; denn es stehet geschrie=
ben: Die Rache ist mein, Ich will vergelten, spricht der
HErr.
Eph. 4, 26.
Matth. 5, 25. Sei willfertig deinem Wider=
sacher bald, dieweil du noch mit ihm auf dem Wege
bist, auf daß dich der Widersacher nicht einmal überant=
worte dem Richter, und der Richter überantworte dich
dem Diener und werdest in den Kerker geworfen.
Matth. 18, 35.

c) **Matth. 4, 7.** Da sprach Jesus zu dem Tufel: Wie=
derum stehet auch geschrieben: Du sollst den HErrn
deinen Gott nicht versuchen.
Röm. 13, 14. Kol. 2, 23.

d) **Matth. 26, 52.** Da sprach Jesus zu Petro: Stecke
dein Schwert an seinen Ort; denn wer das Schwert
nimmt, der soll durchs Schwert umkommen.
1 Mos. 9, 6. Röm. 13, 4.

106. Frage. Redet doch dies Gebot allein vom
Tödten?

Es will uns aber Gott durch Verbietung des
Todtschlags lehren, daß Er die **Wurzel** des Todt=
schlags, als: Neid a), Haß b), Zorn c), Rachgierig=
keit d), hasset, und daß solches alles vor ihm ein
heimlicher Todtschlag sei e).

a) **Sprüche 14, 30.** Neid ist Eiter in den Gebeinen.
b) **1 Joh. 2, 11.** Wer seinen Bruder hasset, der ist in

der Finsterniß und wandelt in der Finsterniß, und weiß nicht wo er hingehet; denn die Finsterniß hat seine Augen verblendet.

c) Jak. 1, 20. Des Menschen Zorn thut nicht was vor Gott recht ist.
d) Röm. 12, 17. Vergeltet niemand böses mit bösem.
e) 1 Joh. 3, 15. Wer seinen Bruder hasset, der ist ein Todtschläger; und ihr wisset, daß ein Todtschläger nicht hat das ewige Leben bei ihm bleibend.

107. **Frage.** Ists aber damit genug, daß wir unsern Nächsten, wie gemeldet, nicht tödten?

Nein: denn indem Gott Neid, Haß und Zorn verdammt, will Er von uns haben, daß wir unsern **Nächsten lieben** als uns selbst a), gegen ihn Geduld, Friede, Sanftmuth b), Barmherzigkeit c) und Freundlichkeit d) erzeigen, seinen Schaden, so viel uns möglich, abwenden e) und auch unsern **Feinden Gutes** thun f).

a) Matth. 7, 12. Alles nun, was ihr wollt, daß euch die Leute thun sollen, das thut auch ihr ihnen; das ist das Gesetz und die Propheten.
b) Gal. 6, 1. 2. Liebe Brüder, so ein Mensch etwa von einem Fehl übereilet würde, so helfet ihr die ihr geistlich seid, ihm wieder zurecht mit sanftmüthigem Geiste. Und siehe auf dich selbst, daß du nicht auch versuchet werdest. Einer trage des Andern Last, so werdet ihr das Gesetz Christi erfüllen.
Matth. 5, 5..
Röm. 12, 18. Ist es möglich, so viel an euch ist, so habt mit allen Menschen Frieden.
c) Luc. 6, 36. Seid barmherzig, wie auch euer Vater barmherzig ist.
d) Kol. 3, 12.—14. So ziehet nun an, als Auserwählte Gottes, Heilige und Geliebte, herzliches Erbarmen, Freundlichkeit, Demuth, Sanftmuth, Geduld, und trage einer den andern und vergebet euch unter einander, so jemand Klage hat wider den andern; gleichwie Christus euch vergeben hat, also auch ihr; über alles dieses aber ziehet an die Liebe, die da ist das Band der Vollkommenheit.

5*

e) 2 Mos. 23, 5. Wenn du deß, der dich hasset, Esel siehest unter seiner Last liegen: hüte dich, laß ihn nicht, sondern versäume gerne das deine um seinetwillen.
f) Matth. 5, 44. 45. Ich aber sage euch: **Liebet eure Feinde**; segnet die euch fluchen; thut wohl denen, die euch hassen; bittet für die, so euch beleidigen und verfolgen: auf daß ihr Kinder seiet eures Vaters, der da ist in den Himmeln.

Röm. 12, 20 So deinen Feind hungert, so speise ihn; dürstet ihn, so tränke ihn. Wenn du das thust, so wirst du feurige Kohlen auf sein Haupt sammeln.

S. 41. * 108. Frage. Was will das siebente Gebot?

Daß alle Unkeuschheit von Gott vermaledeit sei a), und daß wir darum ihr von Herzen feind sein b), und keusch und züchtig leben sollen c), es sei im heiligen Ehestand oder außerhalb desselben d).
a) 3 Mos. 20, 10; 18, 28.
b) Judä V. 23.
c) 1 Thess. 4, 3. 4. Das ist der Wille Gottes, **eure Heiligung**, daß ihr meidet die Hurerei, und ein jeglicher unter euch wisse sein Gefäß zu behalten in **Heiligung und Ehre**.
d) Hebr. 13, 4. 1 Kor. 7, 7. 9.

109. Frage. Verbietet Gott in diesem Gebot nichts mehr denn Ehebruch und dergleichen Schanden?

Dieweil beide, unser Leib und Seel, Tempel des heiligen Geistes sind, so will Er, daß wir sie beide sauber und heilig bewahren a), verbeut derhalben alle unkeuschen Thaten b), Geberden c), Worte, Gedanken, Lust d), und was den Menschen dazu reizen mag e).
a) 1 Kor. 6, 18. 19.
b) Eph. 4, 17. 19. So sage ich nun und zeuge in dem HErrn, daß ihr nicht mehr wandeln sollt wie die Heiden wandeln in der Eitelkeit ihres Sinnes, welche ruchlos sind und haben sich ergeben der Unzucht, zu **allerlei Unreinigkeit aus Gewinnsucht.**

c) Eph. 5, 3. 4. Hurerei und alle Unreinigkeit oder Geiz soll nicht einmal genannt werden unter euch, wie den Heiligen zustehet; auch schandbare Worte oder Narrentheidinge oder Geschwätz, dergleichen sich nicht ziemet, sondern vielmehr Danksagung.
d) Matth. 5, 27. 28. Ihr habt gehöret, daß den Alten gesagt ist: Du sollst nicht ehebrechen. Ich aber sage euch: Wer ein Weib ansiehet, ihrer zu begehren, der hat schon die Ehe mit ihr gebrochen in seinem Herzen.
e) Eph. 5, 18. Saufet euch nicht voll Weines, daraus ein unordentlich Wesen folgt; sondern werdet voll Geistes. Röm. 13, 14.

* 110. Frage. Was **verbeut** Gott im achten Gebot? S. 42.

Er verbeut nicht allein den Diebstahl und Räuberei a), welche die Obrigkeit straft; sondern Gott nennt auch Diebstahl alle bösen Stücke und Anschläge, damit wir unsers Nächsten Gut gedenken an uns zu bringen, es sei mit Gewalt oder Schein des Rechtes b), als: unrechtem Gewicht, Ellen, Maß c), Waare, Münze, Wucher d) oder durch einiges Mittel, das von Gott verboten ist e), dazu auch allen Geiz f) und unnütze Verschwendung seiner Gaben g).

a) 1 Kor. 6, 10. Weder die Diebe, noch die Geizigen, noch die Trunkenbolde, noch die Lästerer, noch die Räuber werden das Reich Gottes ererben.
b) Luc. 3, 14. Da fragten ihn auch die Kriegsleute und sprachen: Was sollen denn wir thun? Und Johannes sprach zu ihnen: Thut niemand Gewalt noch Unrecht, und lasset euch begnügen an euerm Solde.
1 Thess. 4, 6.
c) Sprüche 11, 1. Falsche Wage ist dem HErrn ein Greuel, aber ein völliges Gewicht ist sein Wohlgefallen.
5 Mos. 25, 13. Du sollst nicht zweierlei Ge= [seinem Sack, groß und klein, haben.]
[Ps. 15. Wer sein Geld nicht auf Wucher gibt und nimmt nicht Geschenke über dem Unschuldi=gen: wer das thut, der wird wohl bleiben.]

2 Mof. 22, 25. Luc. 6, 35.
e) Jerem. 22, 13. Wehe dem, der sein Haus mit Sün=
den bauet, und seine Gemächer mit Unrecht; der
seinen Nächsten umsonst arbeiten lässet und gibt
ihm seinen Lohn nicht.
f) Luc. 12, 15. Jesus sprach zu seinen Jüngern: Sehet
zu und hütet euch vor allem Geiz; denn niemand
lebet davon, daß er viel Güter hat.
1 Tim. 6, 9. 10. Die da reich werden wollen,
die fallen in Versuchung und Stricke und viele thörichte
und schädliche Lüste, welche versenken die Menschen ins
Verderben und Verdammniß. Denn Geiz ist eine Wur=
zel alles Uebels, welches hat etliche gelüstet, und sind
vom Glauben irre gegangen, und machen ihnen selbst
viele Schmerzen. Aber du, Gottesmensch, fliehe solches.
g) Joh. 6, 12. Da sie aber satt waren, sprach Jesus zu
seinen Jüngern: Sammelt die übrigen Brocken, daß
nichts umkomme.
Sprüche 23, 20. 21. Sei nicht unter den Säufern
und Schlemmern; denn die Säufer und Schlemmer
verarmen, und ein Schläfer muß zerrissene Kleider
tragen.

111. Frage. Was **gebeut** dir aber Gott in solchem
Gebot?

Daß ich meines Nächsten Nutzen, wo ich kann
und vermag, fördere a), gegen ihn also handle,
wie ich wollte, daß man mit mir handelte b), und
treulich arbeite, daß ich dem Dürftigen in seiner
Noth helfen möge c).
a) Phil. 2, 4. Ein jeglicher sehe nicht auf das seine,
sondern auch auf das, das des andern ist.
5 Mof. 22, 1—4.
b) Matth. 7, 12. Alles, was ihr wollt, daß euch die
Leute thun sollen, das thut ihr auch ihnen; das ist das
Gesetz und die Propheten.
c) Eph. 4, 28. Wer gestohlen hat, der stehle nicht mehr;
sondern arbeite und schaffe mit seinen eigenen Händen
etwas gutes, auf daß er habe zu geben dem Dürf=
tigen.

* 112. Frage. Was will das neunte Gebot? S. 43.

Daß ich wider niemand falsch Zeugniß gebe a), niemand seine Worte verkehre b), kein Afterreder und Lästerer sei c), niemand unverhört und leichtlich verdammen helfe d), sondern allerlei Lügen und Trügen, als eigene Werke des Teufels e), bei schwerem Gottes-Zorn f) vermeide, in Gerichts- und allen andern Handlungen die Wahrheit liebe, aufrichtig sage und bekenne g), auch meines Nächsten Ehre und Glimpf nach meinem Vermögen rette und fördere h).

a) Sprüche 19, 5. Ein falscher Zeuge bleibt nicht ungestraft, und wer frech Lügen redet, wird nicht entrinnen.

b) Psalm 15, 3. Wer mit seiner Zunge nicht verleumdet, und seinem Nächsten kein Arges thut, und seinen Nächsten nicht schmähet: der wird wohl bleiben.
Spr. 4, 24.

c) Jak. 4, 11. Afterredet nicht unter einander, liebe Brüder.
Röm. 1, 30. Tit. 3, 2.

d) Luc. 6, 37. Richtet nicht, so werdet ihr auch nicht gerichtet. Verdammet nicht, so werdet ihr auch nicht verdammet.

e) Joh. 8, 44. Der Teufel ist ein Lügner und der Vater der Lüge.

f) Psalm 5, 7. Du bringest die Lügner um.
Spr. 12, 22.

g) Eph. 4, 25. Leget die Lüge ab und redet die Wahrheit, ein jeglicher mit seinem Nächsten, sintemal wir unter einander Glieder sind.
Spr. 12, 17. 1 Kor. 13, 6.

h) 1 Petr. 4, 8. Vor allen Dingen habt unter einander eine brünstige Liebe; denn die Liebe bedecket der Sünden Menge.
1 Sam. 19, 4.

* 113. Frage. Was will das zehnte Gebot? S. 44.

Daß auch die **geringste Lust** oder Gedanken

wider irgend ein Gebot Gottes in unser Herz nimmermehr kommen, sondern wir für und für von **ganzem** Herzen aller Sünde feind sein und Lust zu aller Gerechtigkeit haben sollen.

    Matth. 15, 19. 20. Aus dem Herzen kommen arge Gedanken, Mord, Ehebruch, Hurerei, Dieberei, falsche Zeugnisse, Lästerung. Das sind die Stücke, die den Menschen verunreinigen.

    Röm. 7, 7. Was wollen wir denn nun sagen? Ist das Gesetz Sünde? Das sei ferne! Aber die Sünde erkannte ich nicht, ohne durch das Gesetz. Denn ich wußte nichts von der Lust, wo das Gesetz nicht hätte gesagt: Laß dich nicht gelüsten.

    Röm. 7, 22.

114. Frage. Können aber die zu Gott bekehret sind, solch Gebot **vollkömmlich** halten?

Nein: sondern es haben auch die Allerheiligsten, so lange sie in diesem Leben sind, nur einen **geringen Anfang** dieses Gehorsams a); doch also, daß sie mit ernstlichem Vorsatz nicht allein nach etlichen, sondern nach **allen** Geboten Gottes anfangen zu leben b).

    a) 1 Joh. 1, 8. So wir sagen, wir haben keine Sünde, so betrügen wir uns selbst, und die Wahrheit ist nicht in uns.

    Jak. 3, 2. Wir fehlen alle mannigfaltig.

    Preb. 7, 21. Röm. 7, 14. 15.

    b) Röm. 7, 22. Ich habe Lust an Gottes Gesetz nach dem inwendigen Menschen.

    Jak. 2, 10. Pf. 1, 1. 2.

115. Frage. Warum lässet uns denn Gott also scharf die zehn Gebote predigen, weil sie in diesem Leben niemand halten kann?

Erstlich: auf daß wir unser ganzes Leben lang unsere sündliche Art je länger je mehr erkennen a), und so viel desto begieriger Vergebung der Sünden und Gerechtigkeit in Christo suchen b). Danach: daß wir ohne Unterlaß uns befleißigen, und Gott bitten um die Gnade des heiligen Geistes, daß wir je länger je mehr zu dem Ebenbild Gottes erneuert werden, bis daß wir das Ziel der Vollkommenheit nach diesem Leben erreichen c).

a) Röm. 3, 20. Kein Fleisch mag durch des Gesetzes Werke vor Gott gerecht sein; denn durch das Gesetz kommt Erkenntniß der Sünde.
Röm. 4, 14; 5, 13. 20.
Psalm 32, 5 Darum bekenne ich dir meine Sünde und verhehle meine Missethat nicht. Ich sprach: Ich will dem HErrn meine Uebertretungen bekennen. Da vergabest du mir die Missethat meiner Sünde.
1 Joh. 1, 9.

b) Matth. 5, 6. Selig sind die da hungert und dürstet nach der Gerechtigkeit, denn sie sollen satt werden.
Röm. 7, 24.

c) Phil. 3, 12—14. Nicht daß ich es schon ergriffen habe, oder schon vollkommen sei; ich jage ihm aber nach, ob ich es auch ergreifen möchte, nach dem ich auch von Christo Jesu ergriffen bin. Meine Brüder, ich schätze mich selbst noch nicht, daß ich es ergriffen habe. Eins aber sage ich: Ich vergesse was dahinten ist, und strecke mich zu dem, was da vorne ist; und jage dem vorgesteckten Ziele nach, dem Kleinod der himmlischen Berufung Gottes in Christo Jesu.

Vom Gebet.

* 116. Frage. Warum ist den Christen das Gebet S. 45. nöthig?

Darum, daß es das vornehmste Stück der Dankbarkeit ist, welche Gott von uns erfordert a); und daß Gott seine Gnade und heiligen Geist allen denen will geben, die ihn mit herzlichem Seufzen ohne Unterlaß darum bitten und ihm dafür danken b).

a) **Pfalm 50, 14. 15.** Opfere Gott Dank und bezahle dem Höchsten deine Gelübde. Rufe mich an in der Noth, so will ich dich erretten, und du sollst mich preisen.

b) Luc. 11, 9. 13. Ich sage euch auch: Bittet, so wird euch gegeben; suchet, so werdet ihr finden; klopfet an, so wird euch aufgethan. So denn ihr, die ihr arg seid, könnet euern Kindern gute Gaben geben, wie viel mehr wird der Vater vom Himmel den heiligen Geist geben denen, die ihn bitten.
Pf. 50, 23.

117. Frage. Was gehört zu einem solchen Gebet, das Gott gefalle und von ihm erhöret werde?

Erstlich: daß wir allein den **einigen wahren Gott**, der sich uns in seinem Wort hat geoffenbaret a), um alles, das Er uns zu bitten befohlen hat b), von Herzen anrufen c). Zum andern: daß wir unsere Noth und Elend recht gründlich erkennen d), uns vor dem Angesicht seiner Majestät zu **demüthigen** e). Zum dritten: daß wir diesen **festen Grund** haben f), daß Er unser Gebet, unangesehen daß wirs unwürdig sind, doch um des HErrn Christi willen gewißlich wolle erhören, wie Er uns in seinem Wort verheißen hat g).

a) Joh. 4, 22. Gott ist ein Geist; und die ihn anbeten, die müssen ihn im Geist und in der Wahrheit anbeten.
2 Mof. 34, 14. Offenb. 22, 9.

b) 1 Joh. 5, 14. Das ist die Freudigkeit, die wir haben zu ihm, daß so wir etwas bitten nach seinem Willen, so höret Er uns.
Röm. 8, 26. Jak. 1, 5.

c) Pfalm 145, 18. Der HErr ist nahe allen, die ihn anrufen, allen, die ihn mit Ernst anrufen.
Klagl. 3, 41.

d) Luc. 18, 13. Der Zöllner stand von ferne, wollte auch seine Augen nicht aufheben gen Himmel, sondern schlug an seine Brust und sprach: Gott sei mir Sünder gnädig.

2 Chron. 20, 12.
e) Dan. 9, 18. Wir liegen vor dir mit unserm Gebet, nicht auf unsere Gerechtigkeit, sondern auf deine große Barmherzigkeit.
Jes. 66, 2.
f) Jak. 1, 6. Wer bittet von Gott, der bitte im Glau=ben, und zweifle nicht; denn wer da zweifelt, der ist gleichwie die Meereswoge, die vom Winde getrieben und gewebet wird.
Eph. 3, 12.
g) Joh. 16, 23. Wahrlich, wahrlich ich sage euch: So ihr den Vater etwas bitten werdet in meinem Namen, so wird Er es euch geben.
Ps. 27, 8.

* 118. Frage. Was hat uns Gott befohlen von ihm zu bitten?

Alle geistliche und leibliche Nothdurft a), welche der HErr Christus begriffen hat in dem Gebet, das Er uns gelehret hat.

a) Jak. 1, 17. Alle gute Gabe und alle vollkommene Gabe kommt von oben herab, von dem Vater der Lich=ter, bei welchem ist keine Veränderung noch Wechsel von Licht und Finsterniß.
Matth. 6, 33.

** 119. Frage. Wie lautet das Gebet des HErrn?

Unser Vater, der du bist in den Himmeln.
Geheiliget werde dein Name.
Dein Reich komme.
Dein Wille geschehe, auf Erden wie im Himmel.
Unser täglich Brot gib uns heute.
Und vergib uns unsere Schuld, als auch wir vergeben unsern Schuldigern.
Und führe uns nicht in Versuchung, sondern erlöse uns von dem Bösen.
Denn dein ist das Reich und die Kraft und die Herrlichkeit in Ewigkeit. Amen.
Matth. 6, 9—13. Luc. 11, 2—4.

S. 46. * 120. Frage. Warum hat Christus befohlen, Gott also anzureden: **Unser Vater?**

Daß Er gleich im Anfang unsers Gebets in uns erwecke die **kindliche** Furcht und Zuversicht gegen Gott, welche der Grund unsers Gebets sein soll, nämlich: daß Gott unser Vater durch Christum worden sei, und wolle uns viel weniger versagen, warum wir ihn im Glauben bitten, denn unsre Väter uns irdische Dinge abschlagen.

Gal. 4, 6. Weil ihr denn **Kinder** seid, hat Gott gesandt den Geist seines Sohnes in eure Herzen, der schreiet: Abba, lieber Vater!

Jes. 63, 16. Bist du doch unser Vater. Denn Abraham weiß von uns nicht, und Israel kennet uns nicht; du aber, HErr, bist unser Vater und unser Erlöser, von Alters her ist das dein Name.

Matth. 7, 9—11. Eph. 3, 14. 15.

* 121. Frage. Warum wird hinzugethan: **Der du bist in den Himmeln?**

Auf daß wir von der himmlischen **Majestät** Gottes nichts irdisches gedenken a), und von seiner Allmächtigkeit alle Nothdurft Leibes und der Seele gewarten b).

a) 1 Kön. 8, 27. Sollte in der That Gott auf Erden wohnen? Siehe der Himmel und aller Himmel Himmel vermögen dich nicht zu fassen.
Apostelg. 17, 24. 25. 27.

b) Röm. 10, 12. Es ist aller zumal Ein HErr, reich über alle, die ihn anrufen.
Ps. 115, 3. 2 Chron. 20, 6.

S. 47. * 122. Frage. Was ist die erste Bitte?

Geheiliget werde dein Name, das ist: gib uns erstlich, daß wir dich recht erkennen a), und dich in allen deinen Werken, in welchen leuchtet deine Allmächtigkeit, Weisheit, Güte, Gerechtig=

keit, Barmherzigkeit und Wahrheit, heiligen, rühmen und preisen b). Danach auch, daß wir unser ganzes Leben, Gedanken, Worte und Werke dahin richten, daß dein Name um unsertwillen nicht gelästert, sondern geehret und gepriesen werde c).

a) Jak. 1. 5. So jemand unter euch **Weisheit** mangelt, der bitte von Gott, der da gibt einfältiglich jedermann, und rücket's nicht auf, so wird sie ihm gegeben werden
Pf. 25, 4. Eph. 1, 16. 17.
b) Psalm 51, 17. HErr, thue meine Lippen auf, daß mein Mund deinen Ruhm verkündige.
Pf. 104, 24. Pf. 36, 6. Röm. 11, 33.
c) Psalm 31, 4. Um beines Namens willen wollest du mich leiten und führen.
Pf. 115, 1.

* 123. Frage. Was ist die andere Bitte? S. 48.

Dein Reich komme, das ist: regiere uns also durch dein Wort und Geist, daß wir uns dir je länger je mehr unterwerfen a); erhalte und mehre deine Kirche b) und zerstöre alle Werke des Teufels, und alle Gewalt, die sich wider dich erhebet, und alle bösen Rathschläge, die wider dein heiliges Wort erdacht werden c), bis die Vollkommenheit deines Reichs herzukomme d), darin du wirst Alles in Allen sein e).

a) Matth. 6, 33. Trachtet am ersten nach dem Reich Gottes und seiner Gerechtigkeit.
Pf. 143, 10.
b) Psalm 51, 20. Thue wohl an Zion nach beiner Gnade; baue die Mauern zu Jerusalem.
Pf. 46.
c) Röm. 16, 20. Der Gott des Friedens zertrete den Satan unter eure Füße in kurzem.
1 Joh. 3, 8. Pf. 129, 5; 3, 11; 68, 1. Matth. 16, 18.
d) Offenb. 22, 20. Es spricht der solches zeuget: Ja, ich komme bald. Amen, komm, HErr Jesu!
Röm. 8, 22. 23.

e) 1 Kor. 15, 28. Wenn alles Christo unterthan sein wird, alsdann wird auch der Sohn selbst unterthan sein dem, der ihm alles untergethan hat, auf daß Gott sei alles in allen.

S. 49.   * 124. Frage. Was ist die dritte Bitte?

Dein Wille geschehe, auf Erden wie im Himmel, das ist: verleihe, daß wir und alle Menschen unserm eigenen Willen absagen a) und deinem allein guten Willen ohne alles Widersprechen gehorchen b): daß also jedermann sein Amt und Beruf so willig und treulich ausrichte c) wie die Engel im Himmel d).

a) Matth. 16, 24. Jesus sprach zu seinen Jüngern: Will mir jemand nachfolgen, der verleugne sich selbst, und nehme sein Kreuz auf sich, und folge mir nach.
Tit. 2, 11. 12.
b) Luc. 22, 42. Jesus sprach: Vater, willst du, so nimm diesen Kelch von mir; doch nicht mein, sondern dein Wille geschehe.
c) 1 Kor. 7, 24.
d) Ps. 103, 20. 21.

S. 50.   * 125. Frage. Was ist die vierte Bitte?

Unser täglich Brot gib uns heute, das ist: wollest uns mit aller leiblichen Nothdurft versorgen a), auf daß wir dadurch erkennen, daß du der einige Ursprung alles Guten bist b), und daß ohne deinen Segen weder unsere Sorgen noch Arbeit, noch deine Gaben uns gedeihen c), und wir derhalben unser Vertrauen von allen Kreaturen abziehen und allein auf dich setzen d).

a) Psalm 145, 15. 16. Aller Augen warten auf dich, und du gibst ihnen ihre Speise zu seiner Zeit. Du thust deine Hand auf und erfüllest alles was lebet, mit Wohlgefallen.
Matth. 6, 26. Spr. 30, 8.
b) Jak. 1, 17. Alle gute Gabe und alle vollkommene

Gabe kommt von oben herab, von dem Vater der Lichter, bei welchem ist keine Veränderung noch Wechsel von Licht und Finsterniß.
Apostelg. 14, 17.

c) Psalm 127, 1. 2. Wo der HErr nicht das Haus bauet, so arbeiten umsonst die daran bauen. Wo der HErr nicht die Stadt behütet, so wachet der Wächter umsonst. Es ist umsonst, daß ihr frühe aufstehet, und hernach lange sitzet, und esset euer Brot mit Sorgen, denn seinen Freunden gibt Ers schlafend. (1 Kön. 3, 5—15.)
5 Mos. 8, 9. Spr. 10, 22.

d) Jerem. 17, 5. 7. So spricht der HErr: Verflucht ist der Mann, der sich auf Menschen verlässet und hält Fleisch für seinen Arm, und mit seinem Herzen vom HErrn weichet. Gesegnet aber ist der Mann, der sich auf den HErrn verlässet, und deß der HErr seine Zuversicht ist.
Ps. 146. Ps. 62, 11. — 2 Mos. 16, 15—23.

* 126. Frage. Was ist die fünfte Bitte? S. 51.

Vergib uns unsere Schuld, als auch wir vergeben unsern Schuldigern, das ist: wollest uns armen Sündern alle unsere Missethat, auch das Böse, so uns noch immerdar anhängt, um des Blutes Christi willen nicht zurechnen a); wie auch wir dies Zeugniß deiner Gnade in uns befinden, daß unser ganzer Vorsatz ist, unserm Nächsten von Herzen zu verzeihen b).

a) 1 Joh. 2, 1. 2. Ob jemand sündiget, so haben wir einen Fürsprecher bei dem Vater, Jesum Christum, den Gerechten. Und derselbe ist die Versöhnung für unsere Sünden.
(Bußpsalmen: 6. 32. 38. 51. 102. 130. 143.)

b) Matth. 6, 14. 15. So ihr den Menschen ihre Fehler vergebet, so wird euch euer himmlischer Vater auch vergeben. Wo ihr aber den Menschen ihre Fehler nicht vergebet, so wird euch euer Vater eure Fehler auch nicht vergeben.

S. 52.   * 127. Frage. Was ist die sechste Bitte?

Und führe uns nicht in Versuchung, sondern erlöse uns von dem Bösen, das ist: dieweil wir aus uns selbst so schwach sind, daß wir nicht einen Augenblick bestehen können a), und dazu unsere abgesagten Feinde, der Teufel b), die Welt c) und unser eigen Fleisch d), nicht aufhören uns anzufechten; so wollest du uns erhalten und stärken durch die Kraft deines heiligen Geistes, auf daß wir ihnen mögen festen Widerstand thun, und in diesem geistlichen Streit nicht unterliegen e), bis wir endlich den Sieg vollkömmlich behalten f).

a) Joh. 15, 5. Ohne mich könnet ihr nichts thun.
Pf. 103, 14.
b) 1 Petr. 5, 8. Seid nüchtern und wachet; denn euer Widersacher, der Teufel, gehet umher wie ein brüllender Löwe, und suchet, welchen er verschlinge.
Eph. 6, 12.
c) Joh. 15, 19. Wäret ihr von der Welt, so hätte die Welt das ihre lieb; dieweil ihr aber nicht von der Welt seid, sondern Ich habe euch von der Welt erwählet, darum hasset euch die Welt.
Joh. 16, 2.
d) Gal. 5, 17. Das Fleisch gelüstet wider den Geist und der Geist wider das Fleisch. Dieselben sind wider einander, so daß ihr nicht thut, was ihr wollt.
Röm. 17, 23.
e) Matth. 26, 41. Wachet und betet, daß ihr nicht in Anfechtung fallet, denn der Geist ist willig, aber das Fleisch ist schwach.
f) 1 Theff. 5, 23. 24. Er aber, der Gott des Friedens, heilige euch durch und durch; und euer Geist ganz, samt Seele und Leib müsse unsträflich behalten werden auf die Zukunft unsers HErrn Jesu Christi. Getreu ist Er, der euch ruft, welcher wird es auch thun.
1 Theff. 3, 13.

* 128. Frage. Wie beschließest du dies Gebet?

Denn dein ist das Reich und die Kraft

und die Herrlichkeit in Ewigkeit, das ist: solches alles bitten wir darum von dir, daß du als unser König und aller Dinge mächtig, uns alles Gute geben willst und kannst a) und daß dadurch nicht wir, sondern dein heiliger Name ewig soll gepriesen werden b).

  a) Röm. 10, 12. Es ist aller zumal Ein HErr, reich über alle, die ihn anrufen.

    Matth. 19, 26. Bei Gott sind alle Dinge möglich.

    1 Chron. 30, 10—13.

  b) Psalm 115, 1. Nicht uns HErr, nicht uns, sondern deinem Namen gib Ehre, um deiner Gnade und Wahrheit willen.

    Jes. 37, 20. Joh. 14, 13.

* 129. **Frage.** Was bedeutet das Wörtlein: Amen?

Amen heißt: das soll wahr und gewiß sein; denn mein Gebet viel gewisser von Gott erhöret ist, als ich in meinem Herzen fühle, daß ich solches von ihm begehre.

  2 Kor. 1, 20. Alle Gottesverheißungen sind Ja in Christo und sind Amen in ihm, Gott zu Lobe durch uns.

  Jes. 65, 24.

  Eph. 3, 20. 21. Dem, der überschwänglich thun kann über alles das wir bitten oder verstehen, nach der Kraft, die da in uns wirket, **Dem sei Ehre in der Gemeine, die in Christo Jesu ist, zu aller Zeit, von Ewigkeit zu Ewigkeit. Amen.**

Anhang.

I.

Haustafel.

Folgen die Sprüche der Heiligen Schrift, daraus ein jeglicher in seinem Stande erlernen mag, was ihm in seinem Beruf zu thun gebühre.

Die H. Schrift lehret nicht allein insgemein, wie man gottselig und christlich leben soll, sondern gibt auch einem jeden in der christlichen Gemeine, in seinem Stand und Alter, Anleitung wie er sich in seinem Beruf, darinnen er von Gott berufen ist, verhalten soll. Darum sind die vornehmsten Sprüche in nachfolgende Tafel zusammengezogen, daß ein jeder diesfalls sich desto besser hineinzuschicken wisse.

Der hohen Obrigkeit.

Ein König soll im Gesetzbuch lesen sein Leben lang, auf daß er lerne fürchten den HErrn seinen Gott, daß er halte alle Worte dieses Gesetzes, und diese Rechte, daß er danach thue. Er soll sein Herz nicht erheben über seine Brüder, und soll nicht weichen von dem Gebot, weder zur Rechten noch zur Linken, auf daß er seine Tage verlängere auf seinem Königreich, er und seine Kinder, in Israel. 5 Mos. 17, 19. 20.

So lasset euch nun weisen, ihr Könige, und lasset euch züchtigen, ihr Richter auf Erden: Dienet dem HErrn mit Furcht und freuet euch mit Zittern. Psalm 2, 10. 11.

Den Räthen, Amtleuten, Raths- und Gerichts-Personen.

Siehe dich um unter allem Volk nach redlichen Leuten, die Gott fürchten, wahrhaftig und dem Geiz feind sind, die setze über sie, etliche über Tausend, über Hundert, über Fünfzig, und über Zehn, daß sie das Volk allezeit richten. Wo aber eine große Sache ist, daß sie dieselbe an dich bringen, und alle geringe Sachen richten. 2 Mos. 18, 21. 22.

Sehet zu, was ihr thut; denn ihr haltet das Gericht nicht den Menschen, sondern dem HErrn, und Er ist mit euch im Gericht. Darum lasset die Furcht des HErrn bei euch sein, und hütet euch und thuts. Denn bei dem HErrn unserm Gott ist kein Unrecht, noch Ansehen der Person, noch Annehmen des Geschenks. 2 Chron. 19, 6. 7.

Den Unterthanen.

Jedermann sei unterthan der Obrigkeit, die Gewalt über ihn hat. Denn es ist keine Obrigkeit ohne von Gott, wo aber Obrigkeit ist, die ist von Gott verordnet. Wer sich nun wider die Obrigkeit setzet, der widerstrebet Gottes Ordnung; die aber widerstreben, werden über sich ein Urtheil empfangen. Denn die Gewaltigen sind nicht den guten Werken, sondern den bösen zu fürchten. Willst du dich aber nicht fürchten vor der Obrigkeit, so thue gutes, so wirst du Lob von derselben haben; denn sie ist Gottes Dienerin dir zu gut. Thust du aber böses, so fürchte dich; denn sie trägt das Schwert nicht umsonst; sie ist Gottes Dienerin, eine Rächerin zur Strafe über den, der böses thut. So seid nun aus Noth unterthan, nicht allein um der Strafe willen, sondern auch um des Gewissens willen. Derhalben müsset ihr auch Steuern geben; denn sie sind Gottes Diener, die etwa solches handhaben. Röm. 13, 1—6.

Seid unterthan aller menschlichen Ordnung um des HErrn willen, es sei dem Könige als dem Obersten, oder den Amtleuten als den Gesandten von ihm zur Rache über die Uebelthäter und zu Lobe derer, die gutes thun. 1 Petr. 2, 13.

Den Lehrern, Aeltesten und Almosenpflegern.

Du Menschenkind, ich habe dich zum Wächter gesetzt über das Haus Israel; du sollst aus meinem Munde das Wort hören, und sie von meinetwegen warnen. Wenn ich dem Gottlosen sage: Du mußt des Todes sterben; und du warnest ihn nicht und sagst es ihm nicht, damit sich der Gottlose vor seinem gottlosen Wesen hüte, auf daß er lebendig bleibe, so wird derselbe Gottlose in seiner Sünde sterben, aber sein Blut will ich von deiner Hand fordern. Wo du aber den Gottlosen warnest, und er sich nicht bekehret von seinem gottlosen Wesen und Wege, so wird derselbe in seiner Sünde sterben, aber du hast deine Seele errettet. Hesekiel 3, 17—19.

So habt nun acht auf euch selbst und auf die ganze Heerde, unter welcher euch der heilige Geist gesetzet hat zu Bischöfen (Aufsehern), zu weiden die Gemeine des HErrn, welche Er durch sein eigenes Blut erworben hat. Apostelgesch. 20, 28.

Die Aeltesten, so unter euch sind, ermahne ich, der Mitälteste und Zeuge der Leiden Christi, und theilhaftig der Herrlichkeit, die offenbar werden soll: Weidet die Heerde Christi, so euch befohlen ist, und richtet den Bischofsdienst aus nicht gezwungen, sondern williglich, nicht um schändlichen Gewinnes willen, sondern von Herzensgrund, nicht als die über die Gemeinden herrschen, sondern werdet Vorbilder der Heerde: so werdet ihr, wenn erscheinen wird der Erzhirte, die unverwelkliche Krone der Ehre empfangen. 1 Petri 5, 1—4.

Hat jemand einen Dienst, so warte er des Dienstes; lehret jemand, so warte er der Lehre; ermahnet jemand, so warte er des Ermahnens; gibt jemand, so gebe er einfältiglich; regieret jemand, so sei er sorgfältig; übet jemand Barmherzigkeit, so thue ers mit Lust. Röm. 12, 7. 8.

Den Zuhörern.

Du sollst thun nach dem, das die Priester, Leviten und Richter dir sagen an der Stätte, die der HErr erwählet hat, und sollst es halten, daß du thust nach allem, das sie dich lehren werden. Nach dem Gesetz, das sie dich lehren, und nach dem Recht, das sie dir sagen, sollst du dich halten, daß du von demselben nicht weichest, weder zur Rechten noch zur Linken. Und wo jemand vermessen handeln würde, daß er dem Priester nicht gehorchte, der daselbst in des HErrn deines Gottes Dienste stehet, oder dem Richter: der soll sterben, und sollst den Bösen von Israel hinausthun; daß alles Volk höre und sich fürchte, und nicht mehr vermessen sei. 5 Mos. 17, 11—13.

Gehorchet euern Lehrern (Vorstehern) und folget ihnen, denn sie wachen über eure Seelen, als die Rechenschaft dafür geben sollen, auf daß sie das mit Freuden thun und nicht mit Seufzen, denn das ist euch nicht gut. Hebr. 13, 17.

Lasset das Wort Christi reichlich unter euch wohnen, in aller Weisheit lehret und vermahnet euch selbst mit Psalmen und Lobgesängen und geistlichen lieblichen Liedern, und singet dem HErrn in euren Herzen; und alles was ihr thut, mit Worten oder Werken, das thut alles im Namen des HErrn Jesu und danket Gott dem Vater durch ihn. Kol. 3, 16. 17.

Die Aeltesten, die wohl vorstehen, halte man zwiefacher Ehre werth, sonderlich die da arbeiten im Wort und in der Lehre. 1 Tim. 5, 17.

Den Schulmeistern und Schulfrauen.

Wer ein solches Kindlein aufnimmt in meinem Namen, der nimmt mich auf, spricht der HErr Christus. Wer aber ärgert dieser geringsten Einen, die an mich glauben, dem wäre besser, daß ein Mühlstein an seinen Hals gehänget würde und er ersäuft würde im Meer, da es am tiefsten ist. Wehe der Welt der Aergerniß halben. Es muß ja Aergerniß kommen, doch wehe dem Menschen, durch welchen Aergerniß kommt. Matth. 18, 5—7.

Wer ein solches Kindlein in meinem Namen aufnimmt, der nimmt mich auf. Und wer mich aufnimmt, der nimmt nicht mich auf, sondern den, der mich gesandt hat. Marc. 9, 37.

Den Schulkindern.

Nehmet an meine Zucht, spricht die Weisheit, lieber denn Silber; und die Lehre achtet höher denn köstlich Gold. Denn Weisheit ist besser als Perlen; und alles was man wünschen mag, kann ihr nicht gleichen. Sprüche 8, 10. 11.

Wer sich gern lässet strafen, der wird klug werden; wer aber ungestraft sein will, der bleibet ein Narr. Sprüche 12, 1.

Den Eheleuten insgemein.

Die Ehe soll ehrlich gehalten werden bei allen, und das Ehebette unbefleckt. Die Hurer aber und Ehebrecher wird Gott richten. Hebr. 13, 4.

Den Ehemännern.

Ihr Männer, liebet eure Weiber, gleichwie Christus geliebet hat die Gemeine und hat sich selbst für sie gegeben. Eph. 5, 25.

Ihr Männer, liebet eure Weiber und seid nicht bitter gegen sie. Kol. 3, 19.

Ihr Männer, wohnet mit Vernunft bei euern Weibern als dem schwächern Gefäße, und gebet ihnen die Ehre, sintemal sie auch Miterben der Gnade des Lebens sind, auf daß euer Gebet nicht verhindert werde. 1 Petr. 3, 7.

Den Eheweibern.

Ihr Weiber, seid unterthan euern Männern als dem HErrn, wie sichs gebühret, denn der Mann ist des Weibes Haupt gleichwie auch Christus das Haupt ist der Gemeine, und Er ist seines Leibes Heiland. Aber wie nun die Gemeine ist Christo unterthan, also auch die Weiber ihren Männern in allen Dingen. Eph. 5, 22—24. Kol. 3, 18.

Die Weiber sollen ihren Männern unterthan sein, auf daß auch die, so nicht glauben an das Wort, durch der Weiber Wandel ohne Wort gewonnen werden, wenn sie ansehen euern keuschen Wandel in der Furcht. Deren Schmuck soll nicht auswendig sein mit Haarflechten und Goldumhängen oder Kleideranlegen; sondern der verborgene Mensch des Herzens unverrücket, mit sanftem und stillem Geist, das ist köstlich vor Gott. Denn also haben sich vor Zeiten auch die heiligen Weiber geschmücket, die ihre Hoffnung auf Gott setzten und ihren Männern unterthan waren, wie Sara Abraham gehorsam war und hieß ihn Herr, deren Töchter ihr geworden seid, so ihr wohl thut und fürchtet keinen Schrecken. 1 Petri 3, 1—6.

Den Eltern.

Diese Worte, die Ich dir heute gebiete, spricht der HErr, sollst du zu Herzen nehmen. Und sollst sie deinen Kindern einschärfen, und davon reden, wenn du in deinem Hause sitzest, oder auf dem Wege gehest, wenn du dich niederlegest oder aufstehest. 5 Mos. 6, 6. 7.

Laß nicht ab den Knaben zu züchtigen, denn wo du ihn mit der Ruthe hauest, so muß er nicht sterben. Du hauest ihn mit der Ruthe, aber du errettest seine Seele von der Hölle. Sprüche 23, 13. 14.

Wer seiner Ruthe schonet, der hasset seinen Sohn; wer ihn aber lieb hat, der züchtiget ihn bald. Sprüche 13, 24.

Züchtige deinen Sohn, weil Hoffnung da ist; aber laß deine Seele nicht beweget werden ihn zu tödten. Denn großer Grimm bringet Schaden; darum laß ihn los, so kannst du ihn mehr züchtigen. Sprüche 19, 18. 19.

Ihr Väter, erbittert eure Kinder nicht, auf daß sie nicht scheu werden. Kol. 3, 21.

Ihr Väter, reizet eure Kinder nicht zum Zorn, sondern ziehet sie auf in der Zucht und Vermahnung des HErrn. Eph. 6, 4.

Den Kindern.

Mein Kind, gehorche der Zucht deines Vaters, und verlaß nicht das Gebot deiner Mutter; denn solches ist ein schöner Schmuck deinem Haupte und eine Kette an deinem Halse. Sprüche 1, 8. 9.

Ihr Kinder, seid gehorsam euern Eltern in dem HErrn; denn das ist billig. Ehre Vater und Mutter, das ist das erste Gebot, das Verheißung hat: auf daß dirs wohl gehe und du lange lebest auf Erden. Eph. 6, 1—3.

Den Hausherren und Frauen.

Ihr Herren, was recht und gleich ist, das beweiset den Knechten, und wisset, daß auch ihr einen HErrn im Himmel habet. Kol. 4, 1.

Ihr Herren, thut auch dasselbige gegen die Knechte, und lasset das Dräuen und wisset, daß ihr und euer HErr im Himmel ist, und ist bei ihm kein Ansehen der Person. Eph. 6, 9.

Den Knechten und Mägden.

Ihr Knechte, seid gehorsam euern leiblichen Herren, mit Furcht und Zittern, in Einfältigkeit eures Herzens, als Christo; nicht mit Dienst allein vor Augen, als den Menschen zu gefallen, sondern als die Knechte Christi, die den Willen Gottes thun von Herzen, und mit gutem Willen dienen, als dem HErrn, und nicht den Menschen, und wisset, was ein jeglicher gutes thun wird, das wird er von dem HErrn empfangen, er sei ein Knecht oder ein Freier. Eph. 6, 5—8.

Ihr Knechte, seid unterthan mit aller Furcht den Herren, nicht allein den gütigen und gelinden, sondern auch den wunderlichen. 1 Petri 2, 18.

Den Alten.

Du aber rede, wie sichs ziemet nach der heilsamen Lehre: den Alten, daß sie nüchtern seien, ehrbar, züchtig, gesund im Glauben, in der Liebe, in der Geduld; den alten Weibern, daß sie sich benehmen, wie es Heiligen ziemet, nicht Lästerinnen seien, nicht Weinsäuferinnen, gute Lehrerinnen; daß sie die jungen Weiber anweisen, ihre Männer zu lieben, die Kinder zu lieben, züchtig zu sein, keusch, häuslich, gütig, ihren Männern unterthan, auf daß nicht das Wort Gottes verlästert werde. Tit. 2, 1—3.

Den Jungen.

Ihr Jungen, seid unterthan den Aeltesten; allesammt aber seid einander unterthan und haltet fest an der Demuth; denn Gott widerstehet den Hoffärtigen, aber den Demüthigen gibt Er Gnade. 1 Petri 5, 5.

Wie wird ein Jüngling seinen Weg unsträflich gehen? Wenn er sich hält nach deinem Wort. Psalm 119, 9.

Darum daß die Töchter Zions stolz sind, und gehen mit aufgerichtetem Halse, und werfen ihre Augen umher, treten einher und trippeln und zieren sich an ihren Füßen: so wird der HErr den Scheitel der Töchter Zions kahl machen, und der HErr wird aufdecken ihre Blöße. Jes. 3, 16. 17.

Den Reichen.

Es ist ein großer Gewinn, wer gottselig ist und lässet sich genügen. Denn wir haben nichts in die Welt gebracht, darum offenbar ist, wir werden auch nichts hinausbringen; so wir aber Nahrung und Kleidung haben, so lasset uns begnügen. Die aber reich werden wollen, die fallen in Versuchung und Stricke, und viel thörichte und schädliche Lüste, welche versenken die Menschen ins Verderben und Verdammniß. 1 Tim. 6, 6—9.

Den Reichen in dieser Welt gebiete, daß sie nicht stolz seien, auch nicht hoffen auf den unge=

wissen Reichthum, sondern auf den lebendigen Gott, der uns dargibt reichlich allerlei zu genießen; daß sie gutes thun, reich werden an guten Werken, gerne geben, behilflich seien, und sich als Schätze sammeln einen Grund aufs Zukünftige, daß sie ergreifen das ewige Leben. 1 Tim. 6, 17—19.

Den Armen.

Es ist besser ein Armer, der in seiner Frömmigkeit gehet, als ein Reicher, der in verkehrten Wegen gehet. Sprüche 28, 6.

Höret zu, meine lieben Brüder, hat nicht Gott erwählet die Armen auf dieser Welt, die am Glauben reich sind und Erben des Reichs, welches Er verheißen hat denen, die ihn lieb haben? Jak. 2, 5.

Allen insgemein.

Alles was ihr wollt, daß euch die Leute thun sollen, das thut auch ihr ihnen: das ist das Gesetz und die Propheten. Matth. 7, 12.

Ein neu Gebot gebe ich euch, daß ihr euch unter einander liebet, wie ich euch geliebet habe, daß auch ihr einander lieb habet. Dabei wird jedermann erkennen, daß ihr meine Jünger seid, so ihr Liebe unter einander habt. Joh. 13, 34. 35.

Die Summa des Evangeliums.

Also hat Gott die Welt geliebet, daß Er seinen eingebornen Sohn gab, auf daß alle, die an ihn glauben, nicht verloren werden, sondern das ewige Leben haben. Joh. 3, 16.

Das ist je gewißlich wahr und ein theuer werthes Wort, daß Christus Jesus gekommen ist in die Welt, die Sünder selig zu machen, unter welchen ich der vornehmste bin. Aber darum ist mir Barmherzigkeit widerfahren, auf daß an mir vornehmlich Christus Jesus erzeigete alle Geduld, zum Exempel denen, die an ihn glauben sollten zum ewigen Leben. 1 Tim. 1, 15. 16.

II.

Hausgebete.

1. Am Morgen.

Lasset uns vor dem Angesicht Gottes niederknieen und ihn aus Grund unserer Herzen also anrufen:

Barmherziger, ewiger Gott und Vater, wir danken dir, daß du uns diese Nacht so gnädig hast behütet, und den heutigen Tag hast lassen erleben. Wir bitten dich, du wollest uns auch diesen Tag behüten, und deine Gnade erzeigen, daß wir diesen ganzen Tag in deinem Dienste zubringen, also, daß wir nichts denken, reden noch thun, als allein solches, damit wir deinem väterlichen Willen gehorchen und dir wohlgefallen, auf daß alle unsere Werke zur Ehre deines heiligen Namens und Erbauung unseres Nächsten gereichen. Und wie du jetzund wunderbarlich deine Sonne auf den Erdboden scheinen lässest, unserm Leib zu leuchten: also wollest auch durch die Klarheit deines heiligen Geistes unsern Verstand und unsere Herzen erleuchten, damit wir geführet werden auf den rechten Weg deiner Gerechtigkeit; also daß wir in allen Dingen, dazu wir uns begeben werden, diesen besonderen und vornehmsten Vorsatz haben, daß wir wandeln in deiner Furcht, dir dienen und dich ehren, und all unser Gut und Wohlfahrt allein von deinem göttlichen Segen erwarten, auf daß wir uns nichts unterstehen zu thun, das dir nicht wohlgefällig sei. Dazu verleihe uns auch deine Gnade, also zu arbeiten für den Leib und dies zeitliche Leben, daß wir doch allezeit am ersten trachten nach deinem Reich und nach deiner Gerechtigkeit, und nicht zweifeln, das andere alles werde uns auch zufallen. Wollest uns behüten an Leib und Seel, und stärken wider alle Anfechtung des Teufels, und uns erretten aus aller Gefahr, die in dieser Welt uns möchte begegnen. Dieweil es aber nichts ist, einmal wohl angefangen haben, so man nicht beharret: so bitten wir dich, daß du uns nicht allein diesen Tag wollest in dein heiliges Geleit und Schutz nehmen, sondern auch all unser Leben lang, wollest deine Gnade in uns täglich bestätigen und vermehren, bis daß du uns wirst gebracht haben zu der vollkommenen Vereinigung mit deinem Sohne Jesu Christo, unserm HErrn, der da ist die wahrhaftige Sonne unserer Seelen, leuchtend Tag und Nacht ohne Aufhören und in Ewigkeit. Gib auch deinen Segen zur Predigt deines heiligen Evangeliums; zerstöre alle Werke des Teufels; stärke alle Diener an deinem Wort und alle Obrigkeiten deines Volkes; tröste alle verfolgten und betrübten Herzen. Damit wir aber solche und andere Nothdurft von dir erlangen mögen, so wollest uns alle unsere Sünde verzeihen um deines lieben Sohnes Jesu Christi willen, welcher uns hat verheißen, daß du uns alles was wir dich in seinem Namen werden bitten, gewißlich geben werdest, und uns derhalben also hat heißen beten:

Unser Vater ꝛc.

Verleihe uns auch deine Gnade, daß wir nach deinem Willen mögen leben, welchen du uns in deinem Gesetz hast geoffenbaret, und in den heiligen zehn Geboten begriffen.

Das erste.

Ich bin der HErr dein Gott ꝛc.

2. Vor dem Essen.

Aller Augen warten auf dich, HErr, und du gibst ihnen ihre Speise zu seiner Zeit; du thust deine Hand auf und sättigest alles was da lebet, mit Wohlgefallen. (Psalm 145.)

HErr, allmächtiger Gott, der du alles erschaffen hast, und noch durch deine göttliche Kraft erhältst, und das Volk Israel in der Wüste gespeiset hast: wollest uns, deinen armen Dienern, deinen göttlichen Segen geben und heiligen diese deine Gaben, die wir von deiner milden Güte empfangen, auf daß wir sie mäßiglich und heiliglich gebrauchen, nach deinem göttlichen Willen, und durch solche Mittel dich erkennen als einen Vater und Ursprung alles Guten, und vornehmlich suchen das geistliche Brot deines Wortes, mit welchem unsere Seelen gespeiset werden zum ewigen Leben, das du uns bereitet hast durch das heilige Blut deines lieben Sohnes, unseres HErrn Jesu Christi.

Unser Vater ꝛc.

Also vermahnet uns unser HErr Jesus Christus (Luc. 21): Hütet euch, daß eure Herzen nicht beschweret werden mit Fressen und Saufen, und Sorgen der Nahrung, und komme der Tag des HErrn schnell über euch, wie ein Fallstrick.

3. Nach dem Essen.

Also spricht der HErr (5. Mos. 8): Wenn du gegessen hast und satt bist geworden, so sollst du den HErrn deinen Gott loben; und hüte dich, daß du des HErrn, deines Gottes, nicht vergessest.

HErr Gott, himmlischer Vater, wir danken dir für alle deine Wohlthaten, die wir ohne Unterlaß von deiner milden Hand empfangen, daß dein göttlicher Wille ist, uns zu erhalten in diesem zeitlichen Leben, und uns versorgest mit aller unserer Nothdurft. Insonderheit aber danken wir dir, daß du uns wiedergeboren hast zu der Hoffnung eines besseren Lebens, welches du uns geoffenbaret hast durch das heilige Evangelium. Wir bitten dich, barmherziger Gott und Vater, daß du nicht wollest zulassen, daß unsere Herzen hier eingewurzelt seien in diesen irdischen und vergänglichen Dingen, sondern allezeit hinauf gedenken gen Himmel, erwartend unsern Heiland Jesum Christum, bis daß Er in den Wolken erscheinen wird zu unserer Erlösung.

Unser Vater ꝛc.

4. Am Abend.

Lasset uns vor dem Angesicht Gottes niederknieen, ihn aus Grund unserer Herzen anrufen und sprechen:

HErr Gott, himmlischer Vater, wir danken dir, daß du uns diesen Tag, und alle Zeit unseres Lebens bis auf diese Stunde, so gnädiglich behütet, und uns so viele und große Wohlthaten erzeiget hast. Und dieweil du nach deiner göttlichen Weisheit die Nacht erschaffen hast, dem Menschen zur Ruhe, gleicherweise wie du ihm den Tag verordnet hast zur Arbeit: so bitten wir dich, du wollest uns deine Gnade verleihen, daß wir also ruhen mit dem Leib, daß doch allezeit unsere Herzen in deiner Liebe wacker bleiben. Gib, daß wir also alle weltlichen Sorgen von uns ablegen, uns zu erquicken nach Nothdurft unserer Schwachheit, daß wir doch deiner nimmermehr vergessen, sondern daß allezeit die Betrachtung deiner Güte und Gnade in stetem Gedächtniß bei uns bleibe; daß auch unsere Gewissen durch solche Mittel ihre innerliche geistliche Ruhe haben, wie der Leib empfängt seine äußerliche Ruhe. Hilf dazu, daß unser Schlaf nicht unmäßig sei zur Faulheit unseres Fleisches, sondern allein zur Erhaltung unserer schwachen Natur, auf daß wir desto geschickter seien dir zu dienen.

Wollest uns auch bewahren unbefleckt an Leib und Seel, und uns behüten vor aller Gefahr, daß auch unser Schlaf zu deiner Ehre gereichen möge. Und nachdem dieser Tag nicht ist vorüber gegangen ohne vielfältige Uebertretung, sintemal wir arme elende Sünder sind, so bitten wir dich, gleichwie in der Nacht alles verborgen ist durch die Finsterniß, die du auf die Erde sendest, daß du auch also wollest alle unsere Sünde vergraben durch deine Barmherzigkeit, auf daß wir nicht wegen derselben verstoßen werden von deinem Angesicht.

Gib auch Ruhe und Trost allen Kranken, allen betrübten und angefochtenen Herzen, durch unsern HErrn Jesum Christum, welcher uns gelehret hat also beten:

Unser Vater rc.

Ich glaube in Gott Vater rc.

III.

Geschichte
des Katechismus und seiner Verfasser.

Die kurfürstliche Pfalz am Rhein, die Heimath des Heidelberger Katechismus, gehörte nicht zu den deutschen Ländern, in welchen die Reformation gleich bei ihrem Anbruch einen Eingang fand. Erst im Jahre 1545 gab Kurfürst Friedrich II. dem Drängen seiner Unterthanen nach; aber das Werk des HErrn wurde durch ihn gar lässig getrieben. Besser ging es, als Pfalzgraf Ottheinrich 1556 zur Regierung kam. Er war anfangs dem lutherischen Bekenntniß zugethan, neigte sich aber später dem reformirten zu, so daß er reformirte Theologen an der Universität Heidelberg und als Pfarrer in pfälzischen Gemeinden anstellte. Bei seinem Tode war der größte Theil der Geistlichen und des Volkes mehr reformirt als lutherisch, so daß, wie auch der Erfolg zeigte, das Vorgehen seines Nachfolgers, Friedrichs III., nicht eine gewaltsame Umgestaltung war, sondern nur der bisherigen Entwicklung einen Ausdruck gab, und indem er sie weiter führte, die Reformation in der Pfalz vollendete.

Friedrich war am 14. Februar 1515 in dem Städtchen Simmern geboren. Sein Vater war der Pfalzgraf Johann II. von Pfalz-Simmern, ein verständiger und gelehrter Mann, dabei ein strenger Katholik, dem viel daran lag, daß auch seine zwölf Kinder, besonders sein ältester, unser Friedrich, in seinem Glauben erzogen würden. Diesen schickte er deßhalb zu dem Bischof Eberhard von Lüttich, einem eifrigen Gegner der Reformation, und später an den Hof Kaiser Karls V. Aber der Mensch denkt und Gott lenkt. Das Evangelium war wieder auf den Leuchter gestellt und sandte seine Strahlen in die Länder, und diese drangen selbst in die Burgen der Finsterniß hinein. Schon in jener Zeit kam Friedrich zu der Erkenntniß, daß die Bibel die einzige Quelle der Wahrheit und Christus unser einiger Seligmacher ist. Noch verbarg er's in seinem Herzen, aber der Same des Evangeliums wurzelte sich immer tiefer hinein. Nachdem er an einem Türkenkriege Theil genommen, wobei er vor Wien eine türkische Fahne erbeutete, vermählte er sich im Jahre 1537 mit der Markgräfin Maria von Brandenburg-Bayreuth, die im lebendigen Glauben an das Evangelium stand. Sie ward ihrem Gemahl eine Gehilfin zur Seligkeit. Bald bekannte er sich offen und frei zur evangelischen Wahrheit, und er war ein Mann in Christo, bereit für dieselbe alles zu wagen. Als er das Regensburger Interim (1541) unterschreiben sollte, welches zwischen der römischen Lehre und der evangelischen Wahrheit vermitteln wollte, da erklärte Friedrich dem Kaiser: „Ehe ich das thue, will ich lieber mit Gottes Hilfe alles leiden, und so ich in diesem Lande des Glaubens halber nicht sicher wäre, würde ich mit Gott noch an anderen Orten zu leben finden." Das Kreuz im Hause fehlte ihm nicht mit Sorgen der Nahrung und Erziehung der Kinder, aber auch nicht des Kreuzes Segen. Sein Vater, den er stets mit kindlicher Ehrfurcht zur Erkenntniß der Wahrheit zu führen suchte, starb 1557 mit dem Bekenntniß, daß er blos auf Christi Verdienst all seine Hoffnung setze, unter herzlicher Anrufung Gottes. Deß gedachte Friedrich noch in spätern Jahren oft mit Dank gegen Gott. Er wurde nun Herzog von Simmern an seines Vaters Statt und führte alsbald in seinem Gebiete die Reformation ein

Aber beides Regieren und Reformiren in Simmern war für ihn nur eine Schule; der HErr hatte ihn zu größerem ausersehen.

Im Jahre 1559 starb zu Heidelberg der Kurfürst Otto Heinrich von der Pfalz und der Pfalzgraf von Simmern wurde sein Nachfolger. Aufregung und Verwirrung herrschte gerade in der Pfalz am Rhein, der sogenannten „Unterpfalz"; besonders in Heidelberg war man über der Lehre vom Abendmahl heftig an einander gerathen. Da hatte der neue Kurfürst gleich zu richten und zu schlichten. Er that es mit eben so großer Weisheit als Entschiedenheit. Auf den Rath Melanchthons, des gebornen Pfälzers, ließ der Kurfürst fortan bei der Austheilung des Abendmahls die Worte St. Pauli brauchen: „Das Brot, das wir brechen, ist die Gemeinschaft des Leibes Christi; der Kelch der Danksagung, damit wir danksagen, ist die Gemeinschaft des Blutes Christi." (1 Kor. 10, 16.) Er führte nun die reformirte Form des Gottesdienstes ein, ließ aus den Kirchen Kruzifixe, Bilder, Altäre und Taufsteine entfernen, und führte dafür Tische und Taufbecken ein, ebenso statt der bisher beibehaltenen lateinischen Gesänge die deutschen Psalmen. Von einem Manne wie Friedrich wird man begreifen, daß er sich bei seinem Werke nicht etwa von seinen Theologen blos bestimmen ließ; er besaß selbst theologische Erkenntniß und reiche christliche Erfahrung, doch hörte er gern Rath, und die ihm dabei am nächsten standen und am meisten galten, waren die Theologen Olevianus und Ursinus, beide jung an Jahren, aber reich an Gaben, Glauben und Gelehrsamkeit.

Kaspar Olevianus (eigentlich „von der Olewig"), Doctor der Theologie, war am 10. August 1536 zu Olewig, einem Dörfchen bei Trier geboren. Sein Vater war Bäcker, Zunftmeister und Rathsherr zu Trier, ein angesehener und wohlhabender

Bürger. Schon mit 14 Jahren ging der junge Olevianus nach Frankreich, um auf den damals berühmten Rechtsschulen zu Paris, Orleans und Bourges die Rechte zu studiren. Er hielt sich dort zu den verfolgten reformirten Gemeinden, da er schon zu Hause eine Anregung empfangen hatte. Da sollte ihn nun ein erschütterndes Ereigniß zur völligen Uebergabe an Gott und zum Eintritt in seinen Dienst bringen. Zu Bourges ertrank ein Sohn Friedrichs, seines späteren Herrn, vor seinen Augen im Fluß. Olevian war ihm vergeblich zu Hilfe geeilt, und kam dabei selbst in die größte Lebensgefahr. Aus der Tiefe rief er zum HErrn und gelobte sein ganzes Leben an den Dienst des Wortes geben zu wollen, wenn es ihm der HErr aus den Fluthen rette. Der HErr half ihm und Olevian bezahlte redlich sein Gelübde. Er studirte nun die Bibel und Calvins Schriften. Dann begab er sich nach Genf, Lausanne und Zürich, und kehrte voll Begeisterung als Jüngling von 23 Jahren in seine Vaterstadt zurück, wo er das Amt eines Lehrers der lateinischen Sprache erhielt, dem er mit Eifer oblag. Uebers Latein ging ihm aber die ewige Wahrheit, durch welche seine Seele genesen war. Er konnte ja von ihr nicht schweigen, und so fing er, obwohl kein orbinirter Geistlicher, in seiner Schulstube unter großem Zulauf zu predigen an. Da es ihm hier untersagt wurde, trat er in einer Kirche auf. Das Evangelium fing an zu rumoren in Trier und die ganze Stadt spaltete sich, die eine Hälfte war für eine Reformation, die andere dagegen. Es bildete sich eine evangelische Gemeinde und der Superintendent von Zweibrücken, Kunemann Flinsbach, gebürtig aus Bergzabern, kam vom Kurfürsten Friedrich und Herzog Wolfgang gesandt Olevian zu Hilfe. Aber die Freude sollte nicht lange dauern. Der Erzbischof von Trier überfiel 1560 seine Stadt mit

angeworbenen Söldnern, ließ Olevian ins Gefängniß
werfen, und vertrieb die Bürger, welche ihren Glau=
ben nicht verleugnen wollten. Noch im Gefängniß
wurde Olevian vom Kurfürsten als Hofprediger
nach Heidelberg berufen und auf dessen Verwendung
nach zehn Wochen entlassen. Als Landsmann und
durch die bewiesene Liebe zu seinem unglücklichen
Sohn stand er fortan demselben besonders nahe.

Zacharias Ursinus, Doctor der Theologie,
wurde 1534 zu Breslau geboren, wo sein Vater
Geistlicher war. Von Jugend auf zeichnete er sich
aus durch hohe Anlagen des Geistes, frommen Sinn
und großen Fleiß. Erst sechzehn Jahre alt, bezog
er die Universität Wittenberg, wo er sich mit be=
sonderer Liebe an Melanchthon anschloß, der auch
dem Schüler sein ganzes Herz zuwandte. Zur
Vollendung seiner wissenschaftlichen Bildung be=
suchte Ursinus im Jahr 1557 die berühmten Hoch=
schulen der Schweiz und Frankreichs, wo er mit
Calvin, Beza, Bullinger und Petrus Martyr
näher bekannt und ihr entschiedener Anhänger
wurde, ohne daß er dadurch von Melanchthon ge=
trennt worden wäre; denn dieser deutsche Reforma=
tor stimmte in späteren Jahren viel mehr mit den
reformirten Schweizern als mit den Lutheranern
überein. Mit seinem Studiren nahm es Ursinus
gründlich. So las er, um zu einer gewissen Ueber=
zeugung über die reformirte Lehre von der Gnaden=
wahl zu kommen, die ganze Bibel in dieser Absicht
von Anfang bis zu Ende durch, und nachdem er
diese Lehre so klar in Gottes Wort geoffenbaret er=
funden hatte, hielt er, wie auch Olevianus, zeitlebens
unerschütterlich daran fest. Nach seiner Heimkehr 1557
wurde er in seiner Vaterstadt als theologischer Lehrer
angestellt. Aber da man ihn als „Calvinisten" nicht
vertragen mochte, so nahm er freiwillig seinen Ab=
schied. Auf die Frage seines Oheims, wohin er

sich wenden wolle, schrieb er ihm freudig und getrost: „Nicht ungern verlasse ich mein Vaterland, wenn dasselbe das Bekenntniß der Wahrheit nicht duldet, welches ich mit gutem Gewissen nicht aufgeben kann. Nun mein bester Lehrer Philippus (Melanchthon) gestorben ist, will ich mich zu den Zürchern wenden, deren Ansehen hier freilich nicht groß ist, die aber bei andern Kirchen einen so berühmten Namen haben, daß er von unsern Predigern nicht verdunkelt werden kann. Es sind fromme, gelehrte, große Männer, mit denen ich mein Leben zuzubringen fest entschlossen bin. Für das übrige wird Gott sorgen." Im Jahre 1560 kam er nach Zürich und 1562 wurde er, durch Petrus Martyr empfohlen, von Friedrich III. als Professor nach Heidelberg berufen. Wie gewiß er seines Glaubens und durch ihn seiner Seligkeit war, davon gibt er selbst in einem Briefe ein kräftiges Zeugniß. „Wenn Ihr meinet, daß man von keinem bestimmt sagen könne, daß er würde selig werden, so habt Ihr Recht, wenn Ihr von andern sprechet; aber in Beziehung auf uns selbst oder auf das eigene Gewissen und die Ueberzeugung eines jeden Einzelnen von sich selber ist diese Ansicht schrecklich, gottlos, teuflisch, gotteslästerlich, welche den ganzen Grund des Heiles umstürzt. Wer Euch das gelehrt hat, der hat Euch gelehrt wie ein Teufel, wenn er gleich vom Himmel wäre. Ja ich will Euch noch mehr sagen, wenn Ihr nicht vor dem Ende eures Lebens gewiß seid, ob Ihr ein Erbe des ewigen Lebens seid, so werdet Ihr es nach diesem Leben nicht sein. Davor Euch Gott behüte! Denn eben der Glaube selbst ist diese Gewißheit, welche ist der Anfang des ewigen Lebens, welchen schon in diesem Leben alle haben müssen, die es nach demselben haben wollen. Wenn Ihr die Erklärung des Wortes Hoffnung bedächtet, daß sie eine sichere Erwartung des ewigen Lebens ist: so würdet Ihr ein solch Ding nicht schreiben, davor mir die Haare zu Berg gehen. **Wollte ich doch nicht hunderttausend Welten nehmen, daß ich so weit von meinem Christo sein sollte und nicht daß wissen, ob ich sein wäre oder nicht.**"

Dies waren Friedrichs Mitarbeiter bei Vollendung der Reformation in den pfälzischen Gebieten. Am meisten haben sie sich aber verdient gemacht, nicht für die Pfalz allein, sondern für die ganze reformirte Kirche durch ihren Katechismus. Der Kurfürst hatte in seinen Schulen verschiedene Lehrbücher angetroffen; da mußte in den Unterricht eine Einheit gebracht werden, er wollte ein Buch mit entschieden reformirtem Bekenntniß, das für niedere und höhere Schulen gleich brauchbar wäre. Die Arbeit übertrug er dem Olevianus und Ursinus; aber auch er selbst nahm thätigen Antheil daran, so daß er im eigentlichen Sinn von dem Buch später sagen mochte: „mein Katechismus." Nach einigen Vorarbeiten verfaßten die beiden Theologen gemeinsam das Buch, in welchem das wissenschaftliche wohl hauptsächlich dem Ursinus, das volksthümliche dem Olevianus und das ritterliche (polemische) dem Kurfürsten wird auf Rechnung zu setzen sein. Es erschien im Jahr **1563** der „**Pfälzer oder Heidelberger Katechismus**" unter dem Titel: „**Catechismus Oder Christlicher Vnderricht, wie der in Kirchen vnd Schulen der Churfürstlichen Pfaltz getrieben wirdt.**" Nach der köstlichen und tröstlichen ersten Frage als Einleitung folgt die christliche Lehre in den drei Theilen: 1) von des Menschen Elend; 2) von des Menschen Erlösung; 3) von der Dankbarkeit. Dieser Eintheilung liegt der Gedankengang des Briefes Pauli an die Römer zu Grunde, darin der Apostel, wie die Randglosse in der Ausgabe von 1619 sagt, „Kap. 1,

18—3, 20 erstlich Juden und Heiden überzeugt, daß sie elende verdammte Sünder sind; zum andern, Kap. 3, 21—11, 36 lehret er von der Erlösung durch Christum; zum dritten, von Kap. 12 bis zum Ende der Epistel, vermahnet er zur Dankbarkeit durch christlichen Wandel." Auch in Röm. 7, 24. 25 ist diese Eintheilung enthalten: „Ich elender Mensch! wer wird mich erlösen von dem Leibe dieses Todes? Ich danke aber Gott durch Jesum Christum, unsern HErrn." Die fertige Arbeit legte der Kurfürst erst noch einer nach Heidelberg berufenen Synode von Superintendenten und vornehmsten Kirchendienern (Pfarrern) vor, welche sie ebenso wie zuvor schon die theologische Fakultät berieth und vollkommen billigte. „Datum Heydelberg auff Dinstag den neunzehenden Monatstag Januarij, Nach Christi vnsers lieben Herrn vnd Seligmachers geburt, im Jar tausend fünfhundert drey vnd sechzig" erließ der Kurfürst das dem Katechismus vorgedruckte Einführungsedikt, worin er selbst sagt, daß bezüglich der verschiedenen Lehrbücher er es für „ein hohe notdurfft geachtet, die vnrichtigkeit vnd vngleichheit abzuschaffen, vnd notwendige verbesserung anzustellen." Der Schluß lautet: „Euch hiemit alle vnd einem jeden besonder gnediglichen vnd ernstlichen ermanend vnd befehlende, jr wollet angeregten Catechismum ob. Vnderricht, vmb der ehre Gottes, vnd Vnserer vnderthanen, auch ewerer seelen selbs nutz vnd bestem willen, danckbarlich annehmen, auch denselbigen nach jrem rechten verstand der jugend in schulen vnd Kirchen, auch sonst auf der Cantzel dem gemeinen Man vleissig vnd wol einbilden, darnach lehren, thun vnd leben: Vngezweifelter hoffnung vnd zuversicht, wenn die jugend anfangs im wort Gottes also mit ernst vnderwiesen vnd aufferzogen: es werde der Almechtig auch besserung des lebens, zeitliche vnd ewige wolfart verleihen vnd widerfaren laſſen." In der erſten Ausgabe, welche ſogleich für den Gebrauch der Gelehrtenſchulen von dem Prediger Joſua Lagus und dem Schulmann Lambert Pithopöus ins lateiniſche überſetzt wurde, waren die Fragen noch nicht gezählt und nach Sonntagen abgetheilt, und die Sprüche*) am Rand nur nach dem Kapitel zitirt, auch fehlte in der 80. Frage noch der Schluß: "Und iſt alſo die Meſſe ꝛc." Dieſen fügte der Kurfürſt ſelbſt in der 2. Ausgabe, welche noch in demſelben Jahre erſchien, hinzu, da unterdeß die Beſchlüſſe des Conciliums von Trident und deſſen Verdammungen der evangeliſchen Wahrheit waren veröffentlicht worden; die Exemplare der 1. Ausgabe ließ er darum wieder einziehen. In dieſer 2. Ausgabe, wie ſie auch der herrlichen Kirchenordnung (Datum Moßbach, 15. Nov. 1563), womit er ſein Reformationswerk krönte, einverleibt wurde, erhielt der Katechismus die Geſtalt und Eintheilung, wie wir ihn jetzt noch haben. Sämtliche Fragen ſind in 52 Abſchnitte abgetheilt, über welche ſonntäglich an Orten, wo Nachmittags ein Gottesdienſt ſtattfand, mußte geprediget werden. Die "Zeugniſſe der Schrift" wurden erſt in der Ausgabe von 1584 wörtlich ausgedruckt. 1585 erſchien ein Auszug als kleiner Katechismus, welcher 1610 wieder aufgelegt wurde. Von Anfang war die "Haustafel" beigefügt, in ſpäteren Ausgaben kamen dazu Hausgebete, die Formulare für Taufe, Abendmahl, Eheeinſegnung, dann die "Fragſtücke, welche der Jugend werden fürgehalten, wenn ſie ſich erſtlich zum Tiſch des HErrn verfügen" (Fr. 60, 21, 65—69, 71, 75—79, 81, 82 des Katechismus). Auch wurde eine Anzahl Fragen mit * bezeichnet.

---

*) In den erſten Ausgaben fand ſich ein Spruch aus den Apokryphen (Sirach 3, 27 zu Frage 105), welcher

Ueber den Zweck sagt ein „Vorbericht": „Damit diese Art und Weise die Kinder zu unterrichten und zu üben ihnen auch träglich sei, ist ferner verordnet worden: daß dieser Schul-Katechismus allein mit den Knaben in den vier kurfürstlichen Paedagogiis ganz solle getrieben werden; in denjenigen deutschen und lateinischen Landschulen aber, in welchen beides für Knaben und Mägdlein dieser Katechismus verordnet ist, sollen die Kinder bei denjenigen Fragen gelassen werden, die oben mit einem * gezeichnet sind und gleichsam einen kleinen Katechismus machen." Außerdem wurden die Fragen mit Scholien (als Randglossen) versehen, und mehrere Anweisungen zu einer gründlichen Methode des Unterrichts für den Lehrer beigegeben. In Kurpfalz wurde das Lehrbuch mit Freuden aufgenommen; nur die Oberpfalz (Amberg, wo es öfter gedruckt wurde,) sträubte sich beharrlich, durch lutherische Eiferer bewogen, gegen dessen Einführung, dieselbe Oberpfalz, welche schon ein Menschenalter später durch die Jesuiten in kurzer Zeit sich katholisch machen ließ! Außer der lateinischen Uebersetzung entstanden später noch folgende: ins Griechische durch Friedrich Sylburg 1597, welche dem Patriarchen von Konstantinopel zugeschickt wurde; ins Niederländische 1580 durch Kaspar van Heyden; auf Befehl der holländischen

---

aber bald verschwand. Der Vorbericht einer der folgenden Ausgaben hebt ausdrücklich hervor: „Die Bestätigung mit Zeugnissen der Schrift, dadurch die Kinder ihres Glaubens versichert werden, belangend, sind dieselben allein aus den von Gott eingegebenen Schriften (welche man libros canonicos zu nennen pflegt) mit Fleiß gezogen und einer jeden Frag und Antwort nachgesetzt worden." Ein klares Zeugniß für die Stellung auch der deutsch-reformirten Kirche gegen den Gebrauch der Apokryphen.

Generalstaaten 1648 ins Neugriechische und ins Spanische; ins Polnische durch Prasmovius; ins Ungarische durch Franz Skarasi; ins Arabische durch Chelius; ins Singalesische durch W. Konyn; außerdem ins Niedersächsische, Englische, Schottische, Französische, Italienische, Böhmische, Hebräische und Malaische. Nach und nach wurde der Katechismus außer der Pfalz eingeführt in den Niederlanden, mehreren Schweizerkantonen, Jülich=Cleve=Berg, Grafschaft Mark, Ostfriesland, Hessen, Lippe, Anhalt, Brandenburg, Preußen, Ungarn und Polen.

Der Heidelberger Katechismus, dieses Kleinod im Schatze unserer nach Gottes Wort reformirten Kirche, erhielt außer dem durch seine weite Verbreitung auch sonst sehr anerkennende Zeugnisse. Von den beiden pfälzischen Theologen Pareus und Alting sagt jener: „Ich weiß keine Schrift, darin man einen so kernhaften Lehrunterricht fände, und die denen, so Theologie studiren, nützlicher wäre;" und dieser: „Der Heidelberger Katechismus ist zugleich Milch für die Kinder und starke Speise für die Erwachsenen." Als die englischen Abgeordneten zur Dortrechter Synode wieder in ihre Heimath kamen, erklärten sie: „Unsere reformirten Brüder auf dem Festland haben ein kleines Büchlein, den Heidelberger Katechismus, dessen einzelne Blätter nicht mit Tonnen Goldes zu bezahlen sind."

So günstig wurde aber der Katechismus im deutschen Reich nicht beurtheilt; vielmehr erhob sich wider ihn und seine Verfasser ein Sturm von allen Seiten. Zuerst äußerten drei bem Kurfürsten nahe stehende Fürsten, Herzog Wolfgang von Zweibrücken, Herzog Christoph von Würtemberg und Markgraf Karl von Baden, ihm schriftlich ihre Bedenken gegen die Einführung des Katechismus. Ihnen antwortete er selbst und ließ auch gegen diese Bedenken das Buch durch Heinrich Bullinger vertheidigen.

Aber der Hauptsturm sollte erst kommen. Kaiser Maximilian II. hatte 1566 einen Reichstag nach Augsburg ausgeschrieben, wo wegen des Türkenkriegs verhandelt werden sollte. Da wurden etliche lutherische Reichsfürsten, von ihren Theologen dazu angetrieben, einig, den Kurfürsten wegen seiner „Neuerung", die ihn vom Religionsfrieden ausschlösse, vor Kaiser und Reich zu verklagen. Ja, es verlautete schon, daß es ihn den Kurhut, wo nicht gar den Kopf kosten könne. In brüderlicher Besorgniß warnte ihn sein Bruder, Pfalzgraf Richard von Simmern, in zwei Schreiben, er möge doch nicht nach Augsburg gehen. Er aber antwortete seinem „herzlieben" Bruder unter anderem: „Ich stehe zu meinem lieben und getreuen Vater im Himmel in tröstlicher Hoffnung, seine Allmacht werde mich zu einem Werkzeug gebrauchen, seinen Namen im heiligen Reich deutscher Nation in diesen letzten Zeiten öffentlich nicht allein mit dem Mund, sondern auch mit der That zu bekennen, wie weiland mein lieber Schwager, Herzog Johannes Friedrich zu Sachsen, der Kurfürst sel. auch gethan; und ob ich wohl so vermessen nicht bin, daß ich meinen Verstand mit des gemeldten Kurfürsten sel. vergleichen wollte, so weiß ich aber hingegen, daß der Gott, so ihn in rechter und wahrer Erkenntniß seines heiligen Evangelions damals erhalten, noch lebt und so mächtig ist, daß er mich armes einfältiges Männlein wohl erhalten kann, und gewißlich durch seinen heiligen Geist erhalten werde, ob es auch dahin gelangen sollte, daß es Blut kosten müßte, welches, da es meinem Gott und Vater im Himmel also gefiele mich zu solchen Ehren zu gebrauchen, ich seiner Allmacht nimmer genugsam danken könnte, weder hier zeitlich oder dort in Ewigkeit."

In diesem heldenhaften Glauben ging er nach Augsburg. Dort schürten an seinen fürstlichen

Gegnern deren Theologen, und hinter den Kaiser steckten sich die Bischöfe von Worms und Speyer samt dem päbstlichen Nuntius. Friedrich stand allein, und doch nicht allein: der HErr stand ihm zur Seite. Auf die Anklage der Fürsten (Wolfgang von Zweibrücken und Christoph von Würtemberg) befahl ihm der Kaiser in der Versammlung vom 14. Mai, alle seine kirchlichen Einrichtungen samt dem Katechismus wieder abzustellen, widrigen Falls aufs strengste gegen ihn verfahren werde. Friedrich trat hierauf ab, um sich zur Antwort zu sammeln, erschien aber bald wieder in dem Saal, gefolgt von seinem Sohn Johann Kasimir, der ihm als sein „geistlicher Waffenträger" die Bibel nachtrug. Er selbst hat den ganzen Vorgang und seine Vertheidigungsrede aufgezeichnet, in welcher er unter anderm sagte: „Was die Religion anlanget, daß ich dieselbe ändern und abschaffen sollte, so vermelde ich, daß in Gewissens- und Glaubens-Sachen ich nicht mehr als einen Herrn anerkenne, der ein HErr aller Herren und ein König aller Könige ist, und sage derhalben, daß es nicht um eine Kappe voll Fleisch zu thun ist, sondern daß es die Seele und derselbigen Seligkeit belanget, die hab ich von meinem HErrn und Heiland Christo in Befehl, bin auch schuldig und erbötig ihm dieselbe zu bewahren; darum kann Ew. Kaiserl. Majestät ich nicht zugestehen, daß Sie, sondern allein Gott, der sie geschaffen, darüber zu gebieten haben. Belangend meinen Katechismus, so bekenne ich mich zu demselben. Es ist auch derselbe am Rande mit Fundamenten (Gründen) der heiligen Schrift dermaßen armiret (bewaffnet), daß er unumgestoßen bleiben soll, und wird meines Verhoffens mit Gottes Hilfe noch länger unumgestoßen bleiben. Uebrigens getröste ich mich deß, daß mein HErr und Heiland Christus Jesus mir samt allen seinen Gläubigen die so gewisse

Verheißung gethan, daß alles was ich um seiner
Ehre oder Namens willen verlieren werde, mir in
jener Welt hundertfältig soll erstattet werden. Thue
damit Ew. Kaiserl. Majestät mich unterthänigst zu
Gnaden befehlen."

Ueber dieser Rede waren Aller Augen auf den
Kurfürsten gerichtet. Sobald er geendet, trat zu
ihm der Kurfürst August von Sachsen, der nicht
in jenen bösen Rath gewilligt, klopfte ihm auf die
Schulter und sprach: „Fritz, du bist frömmer denn
wir alle!" Deßgleichen auch am Schluß der Sitzung
sagte der Markgraf von Baden zu den Umstehenden:
„Was fechtet ihr diesen Fürsten an; er ist frömmer
denn wir alle!" Auch die Geschichte hat Friedrich
„den Frommen" zubenannt. Der Kaiser aber
war durchaus nicht mit jener Antwort zufrieden. Er
äußerte hintennach zu den Fürsten, man müsse „das
Ungeziefer vertilgen." Mit Recht sagte daher später
Boquinus in der Leichenrede auf den Kurfürsten:
„Wenn es bei dem Martyrthum auf die Gerechtig=
keit der Sache, auf die Seelenstimmung und die
freudige Bereitwilligkeit zum Leiden ankommt, dann
dürfen wir diesen herrlichen Fürsten zu den Mär=
tyrern Christi rechnen." — Friedrich verließ den
Reichstag gegen Ende desselben. Freitag vor Pfing=
sten kam er in Heidelberg an, und das Volk em=
pfing ihn um so freudiger, als das Gerücht ge=
gangen war, er sei zu Augsburg abgesetzt, ja gar
enthauptet worden. Tags darauf wohnte er in der
H. Geistkirche der Vorbereitung bei, worauf er vor
allem Volk dem Olevian die rechte Hand reichte und
ihn zur Beständigkeit ermahnte. Andern Tags ging
er öffentlich mit seiner Familie in der Gemeinde zum
Tisch des HErrn.

Friedrich III. war ein Fürst wie wenige, von
hellem Verstande, gegründetem Glauben, nüchternem
Sinne, ungeheuchelter Frömmigkeit, von seinem

Volke geliebt, in gesegnetem Andenken noch heute. Auch über die Grenzen seines Kurfürstenthums hinaus wurde er ein Hort der um des Glaubens willen Verfolgten. Den hart bedrängten französischen Reformirten bereitete er nicht blos gastliche Zufluchtsstätten in seinem Lande, besonders in Frankenthal, St. Lambrecht, Otterberg (diese in der bayerischen Pfalz) und Schönau (in Baden), sondern sandte ihnen auch seinen ritterlichen Sohn Johann Kasimir mit einem Heer zu Hilfe. Als dieser heimkehrte, empfing ihn der Vater aufs herzlichste; sein erster Gang mit ihm war zur Schloßkapelle, dorthin führte er ihn an der Hand und kniete mit ihm nieder, dem HErrn zu danken. Ebenso sandte er seinen jüngeren Sohn Christoph den von den Spaniern bedrängten Niederländern zu Hilfe. Als dieser in der Schlacht auf der Mockerhaide gefallen war, und sein treuer Begleiter Lorenz Zinkgraf allein heimkehrte, redete diesen der Kurfürst an: „Du kommst; aber wo ist mein Sohn?" Der Gefragte konnte vor Wehmuth nicht antworten. Da sprach der greise Vater mit Thränen in den Augen: „Fürchte nichts, mein Landsmann, ich weiß deine Botschaft. Zur Furcht Gottes hatte ich ja meinen vielgeliebten Sohn erzogen, und bin darum dessen gewiß, daß er nicht blos den Tod eines Tapfern, sondern daß er auch fromm gestorben ist. Ich selbst habe es ja gewollt und wollen müssen, daß er Gott zu Ehren und zur Vertheidigung des wahren Glaubens den Zug mache; auch hätte er ja nicht besser sein Leben verbrauchen mögen, obwohl wenn mir ihn Gott hätte wohlbehalten heimkehren lassen, ich von Gottes väterlicher Hand ihn wollte dahingenommen haben, als wäre er von neuem geboren worden." — Auch die im ganzen deutschen Reich verfolgten Wiedertäufer nahm er auf und ließ sie in seinem Lande ihres Glaubens leben.

Nach dem Tode seiner ersten Gemahlin (1567) hatte Friedrich (1569) eine zweite Ehe eingegangen mit der vortrefflichen Gräfin Amalie von Nüenaar, der Wittwe eines Herrn von Brederode. Aus erster Ehe waren ihm neun Kinder geboren, unter welchen seine Tochter Elisabeth an den unglücklichen Herzog Johann Friedrich von Sachsen verheirathet war, dessen Gefangenschaft sie freiwillig theilte, bis sie (1594) in seinen Armen verschied. Friedrich erfreute sich eines schönen und innigen Familienlebens, und wie in seinem Hause, herrschte auch an seinem ganzen Hofe nach seinem eigenen Vorbild Einfachheit und Zucht. Ein schlesischer Ritter, der einen guten Humpen stechen konnte, aber an dem kurfürstlichen Hofe seine Rechnung nicht fand, erzählt: „Der Kurfürst ißt meist mit seiner Familie allein, um ungestört beten zu können: ein Gesäufe wird an seinem Hofe nicht gehalten." — Für den besten Schutz seines Landes und Thrones galt ihm die Gnade seines Gottes und die Liebe seines Volkes. Als man ihm einmal vorwarf, daß er keine Festungen baue, erwiederte er: „Eine feste Burg ist unser Gott. Auch haben wir getreue Unterthanen, und im Falle der Noth eine Anzahl von Kriegsleuten, die nicht allein mit Wehr und Waffen, sondern auch mit dem Gebete unserm Feind können Widerstand thun." — Seine fürstlichen Widersacher hielten später mit ihm guten Frieden und selbst der Kaiser wurde ihm sehr geneigt und achtete ihn hoch. Er besuchte ihn sogar in seinem Lande. Beim Abschied reichte ihm Friedrich zu Wiesloch eine Bibel in spanischer Sprache mit den Worten: „Ew. Kaiserl. Majestät überreiche ich hiemit ein Geschenk, in dem der Schatz aller Schätze enthalten ist, nämlich die himmlische Weisheit, welche Kaiser, Könige und Fürsten anweist, wie sie glücklich regieren." — Seinem Nachfolger hinterließ er, auf einem Blatt Papier von ihm selbst geschrieben, folgende Lebensregeln: „Aller Dinge Anfang sei bei Gott. Bekenne dich als Sünder und vertraue auf Christi Erlösung. Meide den Hochmuth, wahre deine Würde, liebe die Wahrheit, halte deine Zusage, selbst mit Gefahr deines Lebens und Vermögens. Keuschheit bewahre in Worten, Werken und Gesinnung; verführe nicht eines Andern Weib oder Kind. Sei nicht verschwenderisch, aber auch nicht schmutzig geizig. In ehrbaren Dingen zeige dich freigebig. Meide in Geschäften jeden Trug, doch suche Gesinnung und Natur der Menschen zu erkennen. Gegen Gute zeige dich gut. Sei barmherzig gegen Arme. Meide den Umgang mit Schmeichlern, Gotteslästerern und Possenreißern. Liebe die, welche dir deine Fehler verbessern. Die treuen Diener der Kirche schütze und belohne du. Deine Unterthanen umfasse mit väterlicher Liebe und lasse sie auf keine Weise bedrücken, denn ungerechtes Gut sah ich oft zerrinnen." Wahrlich ein rechter Fürstenspiegel!

Nachdem Gott den frommen Fürsten zum Segen Vieler lange erhalten, kam sein Stündlein, auf das er sich sein Lebenlang vorbereitet. Kurz vor seinem Tode setzte er noch mit eigener Hand ein ausführliches Bekenntniß seines Glaubens auf, „mit welchem er gedenke selig zu werden und mit fröhlichem Angesichte vor dem Richterstuhl Christi zu erscheinen." Darin gedachte er ausdrücklich seines Katechismus, zu dem er sich nochmals bekannte. Auf seinem Sterbebette sprach er zu den Umstehenden: „Ich habe euch und der Kirche lange genug gelebet; jetzund aber werde ich zu einem bessern Leben berufen. Ich habe der Kirche zum besten gethan, was ich gekonnt, aber nicht viel vermocht. Gott, der alles vermag und für seine Knechte gesorgt, ehe ich noch in die Welt gekommen, lebet und herrschet im Himmel; der wird euch nicht Waisen und mein Gebet und Thränen nicht fruchtlos sein lassen, welches ich in diesem Gemach für meine Nachfolger und für die Kirche zu Gott knieend gethan." Dann sprach er zu seinem Hofprediger Olevianus: „Es berufe mich der liebe Gott, wann Er wolle, so habe ich ein völlig freies Gewissen in dem HErrn Christo, dem ich von Herzen gedienet und das erlebt habe, daß in meinen Kirchen und Schulen die Leute von den Menschen auf Ihn allein gewiesen werden." Ebenso sprach er: „Ich bin genug durch der frommen Christen Gebet aufgehalten worden; es ist Zeit, daß ich mein Leben endige und zu meinem Heiland in die rechte Ruhe gesammelt werde." Nachdem er sich noch Psalm 31 und Joh. 17 hatte vorlesen lassen und selbst laut gebetet hatte, entschlief er sanft und seines Heils gewiß, 61 Jahre alt, am 26. Oktober 1576. Auf seinen Grabstein obenan schrieb man seinen Wahlspruch: „HErr nach deinem Willen." — Dies Wort liegt auch einem Lied zu Grunde, das er gedichtet und dessen letzter Vers lautet:

„Willen und Lieb zu deiner Ehr
Laß in mir wachsen täglich mehr
Bis an mein letztes Ende;
Und wann erfüllet sind die Tag,
Daß ich von hie soll scheiden ab,
Mein'n Geist nimm in dein Hände.
Dein Wort entzeuch meim Völklein nit,
Wenn es dein Gnad durch Sünd verschütt;
Laß mich in Fried verhüllen.
Mein Land und Leut nach meinem Tod,
Dazu der Christen letzte Noth
Regier, HErr, nach deim Willen."

So entschieden wie Friedrich III. dem reformirten Bekenntniß, war sein ältester Sohn und

Nachfolger Ludwig VI. dem lutherischen zugethan. Aber er hatte lange des Vaters Geist nicht. Kaum hatte er den Fuß auf rheinpfälzischen Boden gesetzt, sein Vater war noch nicht unter der Erde, so fuhr er mit harter Hand drein. Bei der Beerdigung des Vaters ließ er keinen von dessen treuen Predigern ein Wort reden. Bange Besorgniß ergriff die Pfälzer, bei denen reformirte Lehre und Wesen in Fleisch und Blut übergegangen war. Alle Bitten und Vorstellungen, selbst seines Bruders Johann Kasimir, halfen bei dem neuen Kurfürsten nichts. Er verbot den Heidelberger Katechismus, vertrieb 600 reformirte Pfarrer und Schullehrer, deren sich dann die Schweizer mit großer Liebe annahmen, und führte in der ganzen Pfalz das Lutherthum ein. Für Pfalzgraf Johann Kasimir war da des Bleibens nicht mehr in Heidelberg. Er zog nach Neustadt an der Haardt, welches Oberamt nebst dem von Kaiserslautern und Böckelheim (mit Frankenthal) ihm von seinem Vater bestimmt war. In diesem Gebiete wurde durch ihn auch der Heidelberger Katechismus erhalten. Der Titel, unter welchem er nunmehr gedruckt wurde, lautet: „Katechismus oder christlicher Unterricht, wie der in Kirchen und Schulen weiland der churfürstlichen, jetzt fürstlichen Pfalz getrieben wird."

Besonders erbittert war Ludwig auf die beiden geistlichen Räthe seines Vaters, Olevianus und Ursinus, und sie mußten seine volle Ungnade erfahren. Ursinus fand nach seiner Entlassung im Jahr 1578 eine Stelle an der neu errichteten reformirten Hochschule zu Neustadt a. d. Haardt. Wie er in Vertheidigung des Katechismus dem Vater zur Seite stand, so auch jetzt dem Sohn. Mehrere seiner trefflichen Schutzschriften wurden dem Katechismus selbst beigefügt. Diese waren: 1) „Antwort auf etlicher Theologen Censur über die am Rand des Heidelbergischen Catechismi aus heiliger Schrift gezogenen Zeugnisse. 1564." — 2) „Antwort und Gegenfrag auf sechs Fragen von des HErrn Nachtmahl. 1564." — 3) „Artikel, in benen die evangelischen Kirchen im Handel des Abendmahls einig oder spänig sind. 1566." — 4) „Verantwortung wider die ungegründeten Auflagen und Verkehrungen, mit welchen der Katechismus christlicher Lehre, zu Heidelberg im Jahr 1563 ausgegangen, von Etlichen unbilliger Weise beschweret ist." Nebst „Dr. Martin Luthers Meinung vom Brotbrechen im h. Abendmahl." Als Motto trägt diese Schrift zwei Stellen aus Tertullian auf der Vorder= und Rückseite des Titelblattes: „Am Guten ärgert sich niemand denn ein böses Herz;" und: „Weder lange Zeit, noch Ansehen der Person, noch Landes Gebrauch, noch etwas anderes, kann der Wahrheit ihr Recht nehmen." Diese mit viel Scharfsinn und Gewandtheit verfaßten Traktate tragen mehr einen apologetischen als polemischen Charakter; sie haben hauptsächtlich den Zweck, die eigenen Leute zu rüsten gegen die Angriffe der Widersacher und sie in der erkannten Wahrheit zu befestigen. Ursinus war es nicht lange vergönnt, in Neustadt zu wirken. Er hatte sein Leben unter der großen Arbeitslast zu Heidelberg aufgerieben, wo er nicht blos Professor war und ihm die Ausarbeitung vieler Schriften zufiel, sondern auch Vorsteher des Sapienzkollegiums, eines Predigerseminars, bessen einziger Lehrer er eine Zeit lang war und bessen ökonomische Leitung ihm oblag, weßhalb er es zuweilen in Briefen seine „Tretmühle" nannte. Am 6. Mai 1583 starb er, erst 48 Jahre alt, und liegt in der Kirche zu Neustadt begraben. Die Grabschrift nennt ihn „einen großen Theologen, einen Besieger der Irrlehren von der Person und dem Abendmahl Christi, begabt mit kräftigem Wort und Feber, einen scharfsinnigen Philosophen, einen weisen Mann und strengen Unterweiser der Jugend."

Olevianus wurde, nachdem er seines Amtes entsetzt war, vom Grafen Wittgenstein nach Berleburg gerufen. Er wirkte auch in diesem Ländchen reformatorisch. Im Jahr 1584 kam er nach Herborn, wo eine reformirte Akademie unter seiner Leitung aufblühte. Auf der unter seinem Vorsitz daselbst im Jahr 1586 abgehaltenen Generalsynode wurde für die nassauischen, Wittgenstein'schen, Solms'schen und Wied'schen Gebiete die Presbyterial= und Synodal=Verfassung eingeführt. Im Jahr darauf erkrankte er schwer. In seinem Testament gibt er kräftig Zeugniß von seinem Glauben und gedenkt auch in Liebe der Pfalz. Während er auf dem Sterbebette lag, war sein Sohn in der Ferne krank. Der sterbende Vater schrieb ihm noch einen tröstlichen Brief. Einmal sagte er in jenen Tagen: „In dieser meiner Krankheit habe ich erst recht gelernt, was Sünde sei, und wie groß Gottes Majestät, und daß es gar nicht gelte, daß wir Menschen Gott zu einem Gesellen haben wollen." Darauf erzählte er von einem Gesicht, das er gehabt: „Gestern bin ich länger denn eine Stunde mit unaussprechlicher Freude erfüllt worden. Es war mir, als ob ich auf einer glänzenden Wiese wandelte, und während ich einherging, floß himmlischer Thau nicht in Tropfen, sondern in Strömen auf mich herab. Darüber hat sich Leib und Seele mehr denn über alles ergetzt." Da sagte sein Freund Johannes Piscator zu ihm: „So hat dich der gute Hirt auf seine grüne Au geführt." — „Ja," antwortete er, „Er hat mich zur Quelle des lebendigen Wassers geführt!" Er ließ sich noch Psalm 42, Jesaja 9 und 53, Matth. 11 und andere Abschnitte aus der Bibel vorlesen und rief: „Ich will meine Reise zum HErrn nicht länger aufschieben; ich wünsche auf=

gelöst und bei Christo zu sein." Nachdem er wegen seiner Schriften und der Armen noch einige Aufträge gegeben, bat er die Freunde, welche sein Bett umstanden, das Lied „Nun bitten wir den heiligen Geist" zu singen, er selbst sang noch mit schwacher Stimme mit. Darauf nahm er von seiner betagten Mutter und seinen Freunden Abschied, reichte ihnen die Hand und segnete sie. Schon lag er im Sterben, da trat noch sein Amtsgenosse Alsted an ihn heran und sprach: „Lieber Bruder! Ihr seid ohne Zweifel Eurer Seligkeit in Christo gewiß, gleichwie Ihr die Andern gelehret habt?" Da legte der Sterbende die Hand aufs Herz und sagte: „Certissimus!" d. i. „Ganz gewiß!" Das war Olevianus letztes Wort. Der Tag seines Todes ist der 15. März 1587.

Schon 1583 starb Ludwig VI. Nach seinem Wahlspruch: „All Ding zergänglich" erging's auch seinem mit Gewalt durchgeführten Werk. Johann Kasimir übernahm für seinen minderjährigen Neffen, den nachmaligen Kurfürsten Friedrich IV., die Regierung und führte die alte Kirchenordnung und den Heidelberger Katechismus in der ganzen Unterpfalz wieder ein, wo er mit Freuden wieder aufgenommen wurde und eine gute Zeit unangefochten blieb. Kaum war er aber 1618 von der Synode zu Dordrecht unter die Bekenntnißschriften der ganzen reformirten Kirche aufgenommen worden, so begann für ihn eine wechselvolle Zeit mit dem dreißigjährigen Krieg. Als Friedrich V. nach der unglücklichen Schlacht am weißen Berge bei Prag seiner Länder verlustig erklärt und nach Holland geflohen war, wurde die Pfalz von spanischen und bayerischen Truppen überzogen. Mit ihnen kamen auch Mönche aller Art, welche ihr Bekehrungswerk versuchten. Da wurde natürlich auch der Heidelberger Katechismus verdrängt und möglichst viele Exemplare vernichtet. Es gibt noch einige aus jener Zeit, welche den Titel führen: „Catechismus oder Christlicher Unterricht, wie der in Kirchen und Schulen der kurfürstlichen Pfalz getrieben worden." In Folge der Siege Gustav Adolfs kam er wieder allgemein in Brauch; aber nicht lange, mit der Schlacht bei Nördlingen (1634) ging auch der Katechismus für die fernere Dauer des Krieges in der Pfalz verloren. Erst mit dem westfälischen Frieden (1648), als Karl Ludwig, der Sohn Friedrichs V., wieder in sein väterlich Erbe einzog, kehrte auch der Heidelberger Katechismus aus der Verbannung zurück und half das im Krieg verwahrloste Geschlecht wieder auf den Weg des Lebens weisen.

Mit dem Jahre 1685 begann eine neue Zeit der Anfechtung, als nach dem Tode Karl's, des letzten Kurfürsten aus der reformirten Simmerschen Linie, die Neuburger mit dem erst kürzlich katholisch gewordenen Philipp Wilhelm zur Regierung kam. Die Jesuiten, welche er mitgebracht, griffen besonders wegen der 80. Frage den Katechismus heftig an. Dieser fand in Lenfant, dem Hofprediger der Kurfürstin Wittwe einen gewandten Vertheidiger. (L'innocence du Catechisme de Heidelberg. 1688.) Da ihm deßhalb die Jesuiten nachstellten, mußte er nach Berlin entweichen, wo er wieder eine Predigerstelle erhielt. Die Anfechtung ward zur Bedrängniß unter dem folgenden Kurfürsten Johann Wilhelm und während des französischen Reunionskrieges. Den Kindern aus gemischten Ehen wurde der Katechismus weggenommen und sie in die katholische Schule gesteckt. Auch die Alten suchte man durch Bedrückungen und Mißhandlungen von ihrem Bekenntniß abfällig zu machen. Der „einige Trost" hat da manchen erquickt, dem man Haus und Habe weggenommen, manchen, den man ins Gefängniß geworfen hatte und darin frieren ließ. Sie sollten entweder einen

Revers ausstellen, daß sie „freiwillig" wären katholisch geworden, oder sollten darin „krepiren." Als man merkte, daß die Gefangenen zum Widerstand sich in den mitgebrachten Büchern (den Psalmen und dem Katechismus) stärkten, wurden ihnen dieselben weggenommen. Aber sie waren nicht an den äußeren Buchstaben gebunden. Sie blieben ihrem Bekenntniß treu, und wenn auch einer und der andere war schwach geworden, so kehrte er reuig wieder zurück. Es war so wie jener Oberamtmann zu Germersheim im Aerger darüber sich ausdrückte: „Diese Reformirten sind wie die Bachweiden; wenn man sie auch schneidet und stutzt, so schlagen sie immer wieder frisch aus." Jawohl, der Prophet Jeremia hats Kap. 17, 7. 8 auch schon gesagt!

Die Anfechtung, die sich bisher gegen den Katechismus erhob, steigerte sich endlich unter der Regierung des Kurfürsten Karl Philipp zum Versuch der gänzlichen Unterdrückung. In einem Mandat, Datum Heydelberg den 24. April 1719, befahl er den Katechismus in der Weise zu „unterdrücken", daß die Beamten „ohnfehlbar innerhalb drei Monate sich aller derer Exemplarien bemächtigen, worinnen die 80. Frage und andere Artikel sich befinden." Als Grund zu diesem Befehle war angegeben, daß diese Frage den Katholiken ärgerlich sei, und daß überdies auf dem Titel des Buches das kurfürstliche Wappen mit den Worten: „auf Befehl Sr. Churf. Durchlaucht" und „mit Privilegiis Sr. Churf. Durchlaucht" sich befinde. Dies sei „verwegen, ärgerlich und strafbar." Nicht blos sollte der Katechismus aus den Schulen ausgewiesen werden, sondern auch den Familien wurde er weggenommen, weßhalb der Büttel des O[rts] von Haus zu Haus ging, die Exemplare einzu[sam]meln. Auch bestimmte ein weiteres Man[dat die] der Einwohner, bei welchem nachher n[och nicht]

Bücher gefunden werden, „für ein jedes 10 Gulden Straff gnedigster Herrschafft erlegen" müsse. Die eingezogenen Exemplare waren an die Oberämter einzuliefern. Die Beamten waren überall willfährig; eine Ausnahme machten Bürgermeister und Rath der „Stadt" Obernheim, welche zum Vollzug erst muß= ten gedrängt werden. Daß es nicht blos auf ein Verbot des Gebrauchs im Lande, sondern auf möglichste Vernichtung des Katechismus abgesehen war, beweist außerdem auch der Umstand, daß sogar den Buchbindern bei Strafe aufgegeben wurde, die Exemplare, welche sie bereits außer Landes geschickt hatten, wieder herbeizuschaffen und einzuliefern. — Der Kirchenrath, welchem der Befehl zur Ein= ziehung auch zugegangen war, remonstrirte da= gegen; er berief sich darauf, daß die beanstande= ten Stellen auf dem Titelblatt von jeher gewesen und so bei jeder neuen Auflage bisher wieder mit abgedruckt seien. Die neueste Ausgabe habe überdies ein katholischer Buchdrucker, ohne den Kirchen= rath zu befragen, veranstaltet. Was den Gebrauch des Lehrbuches betreffe, so machten sie geltend, daß es von Kurfürst Friedrich III. selbst 1563 heraus= gegeben und zu Augsburg 1566 siegreich defendirt, dann aber von allen reformirten Kirchen zu Dord= recht 1618 als Bekenntnißbuch anerkannt, und bis= her mehr als anderthalb Jahrhundert unverboten getrieben worden sei; auch wird versichert, daß jene Stelle der 80. Frage sich nur auf die Lehre beziehe, wobei man keineswegs die Personen selbst verdamme. Zum Schluß beruft sich der Kirchenrath noch auf seine „Pflichten", kraft deren er für Erhaltung des Bekenntnißstandes der Kirche Sorge zu tragen habe.

Auf diese Eingabe wurde den Räthen mündlich eröffnet, daß es bei dem Befehl zu verbleiben habe und dessen Ausführung unfehlbar gewärtigt werde. Außer dieser Gewaltthat beging der Kurfürst noch

eine andere, indem er den Reformirten die H. Geist=
kirche zu Heidelberg wegnehmen und den Katholiken
übergeben ließ. Der Kirchenrath that seine Schuldig=
keit, er remonstrirte fort und fort, wurde aber immer
abgewiesen. Da man reformirter Seits kein gesetz=
liches Mittel wollte unversucht lassen, so wandte
man sich mit einer Beschwerdeschrift an die prote=
stantischen Reichsstände (Corpus Evangelicorum).
Besonders die reformirten Stände nahmen sich
nun mit Nachdruck ihrer pfälzischen Brüder an,
und unter ihnen vor allen der Landgraf von Hessen=
Kassel, welcher in einem Schreiben den Kurfürsten
von seinem Befehl abzubringen versuchte, indem er
besonders auch hervorhob, wie katholischer Seits im
Tridenter Glaubensbekenntniß nicht blos die Lehre
der Lutherischen und Reformirten, sondern sogar
ihre Personen verdammt würden. Ebenso sandte
der reformirte König von Preußen einen Gesandten
und ließ auf Freigebung des Katechismus dringen,
da derselbe das Bekenntniß der reformirten Kirche
in Deutschland, und als solches seinem ganzen In=
halt nach garantirt sei. Der Gesandte Herr von
Hecht gab sich alle Mühe, und mit ihm die indeß
angekommenen Gesandten des Landgrafen von
Hessen und der reformirten Mächte Europas: des
Königs von Großbritannien und der holländi=
schen Generalstaaten. Diese verlangten nun aufs
bestimmteste, daß der Kurfürst „den ungehinderten
Gebrauch des Heidelberger Reformirten Katechismus
in den pfälzischen Landen wieder zugestehe, folg=
lich den Unterthanen selbigen restituire." Für
den Fall fernerer Weigerung drohten jene Mächte,
da alle Vorstellungen und Ermahnungen nichts
helfen wollten, auch ihre katholischen Unterthanen
in der Ausübung ihres Kultus zu beschränken.
Trotz dieser Verwendung ging die Einziehung des
Katechismus seinen Gang, unter großem Wider=

streben des Volkes und seiner Hirten. Zu Obern=
heim wurde ein Reformirter ins Gefängniß gewor=
fen und mit Wasser und Brot traktirt, weil er dem
Befehl des Amtmanns, die noch vorhandenen Exem=
plare des Katechismus in den Häusern aufzusuchen,
nicht willfahrte. Nur die ernstliche Verwendung
des großbritannischen Gesandten konnte ihm wieder
zur Freiheit verhelfen. Auch der Pabst legte sich
darein und ermunterte den Kurfürsten, in seinem
„lobenswürdigen" Eifer fortzufahren. Aber auch der
andere Theil, der reformirte Kirchenrath, wurde
von auswärts durch tröstlichen Zuspruch ermuthigt
und gestärkt. Der Erzbischof von Kanterbury schrieb
im Namen der englischen Kirche an den pfäzischen
Kirchenrath, seine „vielgeliebten Brüder in Christo."
Der Eingang des Schreibens lautet: „Daß wir
Erzbischöfe und übrige Bischöfe der englischen Kirche
Euch und den Gemeinden, die Euch anbefohlen
sind, mit gebührender Liebe und Freundschaft be=
gegnen, daß wir, als die mit Euch Glieder Eines
Leibes sind, die harte und grausame Verfolgung,
so Ihr um der Gerechtigkeit willen erleidet, nicht
anders als hätten wir sie an unserer eigenen Per=
son zu erdulden, uns sehr nahe gehen lassen und
selbige herzlich beklagen: solches müsset Ihr nicht
sowohl für eine aus Mitleid fließende Gütigkeit,
als vielmehr für eine Euch und unserm Heilande
Christo von uns schuldige Pflicht ansehen." Es
wird dann versichert, daß König und Parlament
den reformirten Pfälzern zu helfen fest entschlossen
seien, weßhalb England auch Mitgarant des west=
fälischen Friedens werden müsse. Der Schluß des
Schreibens lautet: „Gebe der allerhöchste Seelen=
hirte und Bischof unserer Kirchen, daß dieses von
uns angefangene gerechte Werk ein glückliches Ende
gewinne, und daß durch gegenwärtige nicht allein
wider Euch, sondern auch wider alle evangelisch=

reformirten Kirchen hin und wieder angestellte Verfolgungen die evangelisch-reformirten Fürsten einmal ermuntert und aufgeweckt werden, das allgemeine Heil unserer Kirchen recht zu Herzen zu nehmen und Fürsorge gegen Ueberdrang zu treffen: denn es fehlet unsern Todfeinden, den Jesuiten, dermalen weiter an nichts als an genugsamer Macht, uns je eher je lieber unterdrücken und wo möglich verschlingen zu können. Was will uns Evangelischen denn hiebei anders ziemen, als darauf zu denken, wie wir uns bei Zeiten in gute Verfassung setzen und nicht zugeben, daß, indem man auf einzelne unter uns losgeht, unsere ganze Kirche dadurch nicht möge zu Grunde gerichtet und über einen Haufen geworfen werden. — Gott der Allmächtige verleihe nur, daß wir durch eine unter uns herzustellende enge Vereinigung der evangelischen Kirchen beständige Sicherheit zu Wege bringen; und daß gleichwie unser Heiland Jesus Christus solche auf einen ewigen Felsen erbauet hat, Er auch selbige auf diesem unbeweglichen Grund fort und fort befestigen und erhalten, und nicht zulassen wolle, daß sie die Pforten der Hölle jemals überwältigen. Dies soll unser aller Wunsch sein; dahin müssen wir mit vereinten Kräften streben; hiezu wollen wir uns unter einander mit den Worten aufmuntern, deren der tapfere Feldherr Joab gegen seinen Bruder Abisai und die übrigen Mitstreiter, da er von den Syrern und Ammonitern zugleich überfallen worden, sich (2 Sam. 10, 12) bediente: Seid getrost, wir wollen uns männlich halten; wir wollen stark werden vor dem Werk und der Stadt unsers Gottes; der HErr aller Herren aber thue, was seinen allerheiligsten Augen gefällig ist." —

Die Beschwerden wegen des Verbots des Katechismus und der Wegnahme der H. Geistkirche wa=

ren endlich auch vor den Kaiser und den Reichstag gebracht. Die Rechtsverletzung von Seiten des Kurfürsten war so offenbar, daß selbst ersterer, so ungern er es aus kirchlichem Interesse that, gegen ihn entscheiden mußte. Obwohl diesem nun aufgegeben war, das Buch wieder frei zu geben, versuchte er doch noch auf dem Wege gütlicher Unterhandlung bei dem Kirchenrath eine kleine Aendernng oder „Milderung" im Ausdruck der 80. Frage zu erreichen. Aber der Kirchenrath stand auch jetzt fest und erklärte, daß an einem Bekenntnißbuche der Kirche einseitige Aenderungen vorzunehmen er nicht befugt sei. So ging denn der Heidelberger Katechismus auch aus dieser Verfolgung unverkürzt hervor und wurde auch ferner zum Segen für jung und alt gebraucht.

Die kurfürstliche Pfalz am Rhein ging in der ersten französischen Revolution unter, ohne wieder zu erstehen. Der pfälzische Katechismus blieb in den einzelnen Theilen, in welche sie politisch zerfiel, im Gebrauch, bis 1817 in jenen Gebieten die Union einzog und ihn sowie den Katechismus Luthers verdrängte; ein Jahrhundert nach jenem der Gewalt mißglückten Versuch. Nur in Gemeinden des preußischen und des elsässischen Theils der früheren Pfalz ist er noch erhalten; dem neuen Katechismus in der bayerischen Pfalz (von 1853) liegt der Heidelberger vornehmlich zu Grund, und sind die Mehrzahl seiner Fragen diesem entnommen. Im Lippischen wurde der Gebrauch des Heidelbergers untersagt, aber mit Gottes Hilfe neuerdings wieder gewonnen. In Hessen-Kassel, dessen Landgraf einst der erste Fürst war, der sich des in der Heimath unterdrückten Katechismus annahm, ist er nun selbst in neuester Zeit unterdrückt und noch nicht frei gegeben. Aber darum sei er nicht aufgegeben, der HErr wird seinem Zeugen auch dort wieder zur Freiheit helfen.

Wir haben den alten Heidelberger im Lauf seiner 300 Lebensjahre als Lehrer, als Bekenner und als Märtyrer kennen gelernt; zum Schluß sehen wir ihn noch als Missionar unter den Heiden. Während in der alten Christenheit so viele, die auf den Namen des lebendigen Gottes getauft sind, im Unglauben verloren gehen, hat man vor mehreren Jahren auf den Sanguir-Inseln im indischen Archipel bei 30,000 Christen wiedergefunden, die ganz verschollen waren. Ein unbestimmtes Gerücht sagte, auf einigen Inseln oberhalb Celebes, das den Holländern gehört, wären drei Bibeln und einige Leute, welche sie hoch hielten. Die niederländische Missionsgesellschaft sandte hin und entdeckte nun diese zahlreichen Christen. Die Schuljugend schrieb auf Baumrinde die schönsten Sprüche der heiligen Schrift. Es standen noch zwanzig Schulen und Kirchen, aber ohne Sakramente. Bald konnten 3000 groß und klein getauft werden, da sie hinreichende christliche Erkenntniß besaßen. Und woher hatten sie diese? Sie kannten den Heidelberger Katechismus, wohl in der alten malaischen Uebersetzung. Mögen nun die früheren Missionare auf diesen Inseln umgekommen sein oder aus irgend welchem Grunde schon lange Zeit jenes Feld aufgegeben haben: ein Missionar ist geblieben und hat im Segen fortgearbeitet, der Missionar aus Heidelberg. Nun haben sich ihm auch andere wieder angeschlossen.

Die große Feindschaft gegen dies Büchlein ist oft recht offenbar geworden; der reiche Segen, mit dem es der HErr seit 300 Jahren begleitete, wird erst recht offenbar werden an dem Tage der Offenbarung Jesu Christi vom Himmel. Denn Er wird nach seiner Verheißung sich zum „Heidelberger" bekennen, der sich zu Ihm bekannt hat und der in Wahrheit mit St. Paulo (Apostelgesch. 26, 22. 23) sprechen mag:

„Durch Gottes Hilfe ist mirs gelungen, und stehe bis auf diesen Tag, und zeuge beide dem Kleinen und Großen, und sage nichts außer dem, das die Propheten geredet haben, daß es geschehen sollte, und Moses: daß **Christus** sollte leiden und daß Er sollte der erste sein aus der Auferstehung der Todten, und Licht verkündigen dem Volk und den Heiden."